LES EHPAD ENTRE EXCÈS DE NORMES ET CONTRAINTES FINANCIÈRES

La gérontologie en actes
Collection dirigée par Jean-Jacques Amyot

L'évolution des connaissances sur le vieillissement et les constantes mutations de l'action gérontologique requièrent une large diffusion des études, des recherches et des actes de colloques, véritables brassages d'idées, de concepts, de pratiques professionnelles et de politiques publiques qui participent à l'innovation.

La collection *La gérontologie en actes* a vocation d'éditer ces contributions qui accompagnent le développement de l'action auprès des personnes âgées.

Déjà parus
Ingrid Westercamp, *De la bientraitance, Soins et accompagnement*, 2020
Elsa Le Floc'h, *Si Chère Vieillesse*, 2019
Colette EYNARD, *Le parcours résidentiel au grand âge. De l'utopie à l'expérience*, 2016.
UNIORPA, *Société, individu, vieillissement : s'adapter ou changer de modèle ?*, 2015.
Micheline TASSART-LAINEY, *Partir à la Retraite*, 2015.
Gérald QUITAUD, *La mort dans l'âme. Le travail du Tré-Pas en Soins Palliatifs*, 2014.
Catherine GUCHER (dir.), *La gérontologie en actes. Héritages et réflexions contemporaines*, 2012.
Sandra QUEILLE (sous la dir.), *Mémoire du quartier du Grand Parc*, 2011.
Pierre PFITZENMEYER, *Prendre soin du grand âge vulnérable*, 2010
Christophe TRIVALLE, *Vieux et malade : la double peine !*, 2010
UNIORPA, *Choisit-on d'entrer en établissement pour personnes âgées ? Enjeux éthiques et pratiques*, 2010.

Gérard Brami

LES EHPAD ENTRE EXCÈS DE NORMES ET CONTRAINTES FINANCIÈRES

Du même auteur

Les enjeux du manager d'EHPAD, abécédaire pratique, LEH édition, 2018.

Le contrat de séjour des EHPAD, modèle commenté, troisième édition entièrement refondue, LEH édition, 2016.

EHPAD-FAMILLES. Une pratique professionnelle innovante : la mise en place d'une charte de confiance EHPAD-FAMILLES LEH, mai 2014.

Dictionnaire de citations à l'usage du manager d'EHPAD : les principaux thèmes du fonctionnement LEH, décembre 2013.

La nouvelle conception des EHPAD, LEH, 2012.

© L'Harmattan, 2020
5-7, rue de l'École-Polytechnique – 75005 Paris
www.editions-harmattan.fr
ISBN : 978-2-343-19369-4
EAN : 9782343193694

SOMMAIRE

INTRODUCTION 9

CHAPITRE 1
De quelques définitions préalables 13

CHAPITRE 2
*L'exemple de deux notions complémentaires
exigeantes en termes de temps et de coûts* 21

CHAPITRE 3
*Des tarifications critiquées et critiquables
qui produisent des insuffisances
en termes d'effectifs* 47

CHAPITRE 4
*Développement des contrôles et minimisation
de phénomènes nouveaux et aggravants
dans les EHPAD* 63

CHAPITRE 5
*Les fortes exigences en matière de nutrition
ne cessent de se renforcer* 71

CHAPITRE 6
*Une première synthèse de la typologie
des contraintes* 85

CHAPITRE 7
*Maltraitance : excès de violences
et excès textuels* 91

CHAPITRE 8
*La démarche qualité au cœur du progrès
et de la complexification des situations
d'accompagnement de la personne très âgée* 105

CHAPITRE 9
*L'excès national de textes, de rapports
et de recommandations* 115

CHAPITRE 10
*L'évolution des établissements médico-sociaux :
vers une nouvelle conception ?* 193

CONCLUSION 209

INTRODUCTION

Tous les secteurs économiques évoquent les contraintes techniques et juridiques qui leur sont imposées.

Un exemple national dans un secteur particulièrement important pour la vie économique est celui de l'immobilier :

« C'est un véritable inventaire à la Prévert de normes et réglementations qui frappent le secteur de l'immobilier. "Combien d'obligations pour un promoteur ? Environ 400 000 !", répond, sans rire, Éric MAZOYER, Directeur général délégué de Bouygues immobilier. "Il existe en France autant de textes réglementaires que dans toute l'Europe réunie", complète Guilhaume POITRINAL, ancien Président d'UNIBAIL, aujourd'hui à la tête de WOODEUM. Et de préciser que le code de l'urbanisme compte 3 000 pages, contre 1 000 il y a une vingtaine d'années. »[1]

D'une manière générale, le constat est fait d'un excès de lois, dont la conséquence peut être celle d'une paralysie par le droit :

« Redonner à la France de la compétitivité ne concerne pas seulement son économie, mais également son droit dans un pays où, du fait de l'accumulation des normes et de la complexité des procédures, le temps des papiers se révèle plus long que le temps des chantiers.

---

[1] Marie de GREEF-MADELIN : Revue *Valeurs actuelles*, 16 juillet 2015, page 21.

Ce constat est révélateur du passage progressif d'un état de droit à un état de paralysie par le droit. Cette situation exige un choc de compétitivité juridique. »[2]

Le secteur médico-social est aussi concerné par cette notion de contraintes techniques et juridiques et par le constat d'éventuels excès qui peuvent nuire à l'efficacité de son fonctionnement.

L'arrivée de la contractualisation des établissements a constitué un véritable « parcours du combattant », nécessitant une organisation particulièrement structurée en termes de démarche qualité.

Les exigences sont particulièrement fortes tant en ce qui concerne la convention tripartite pluriannuelle, première forme de contractualisation des établissements avec les autorités de tarification, qu'en ce qui concerne le contrat pluriannuel d'objectifs et de moyens, nouvelle forme de contractualisation appliquée à ces établissements.

La mise en place d'une évaluation interne régulière, savamment contrôlée par une évaluation externe réalisée chaque sept ou huit années, a permis de passer au crible tout le fonctionnement institutionnel, de l'ingénierie médicale et paramédicale mise en place jusqu'aux formes d'expression démocratiques internes.

La pluri-annualité, concept clé de la contractualisation, s'est également invitée dans d'autres domaines comme les plans pluriannuels d'investissement ou les plans de formation professionnelle.

---

[2] Alain Lambert, Jean-Claude Boulard, rapport de la mission de lutte contre l'inflation normative, 26 mars 2013, page 7.

Récemment, l'évocation de « normes sclérosantes » a permis de mesurer la diversité et la complexité du fonctionnement institutionnel :

« Dans le collimateur, les normes de sécurité et d'accessibilité, celles concernant la salubrité et l'innocuité des aliments, ou encore les normes entourant les dispositifs spécifiques (accueil en unité d'hébergement renforcé en particulier) et autres normes architecturales jugées excessivement strictes pour de nombreux professionnels, le secteur des maisons de retraite souffrirait du poids d'une technostructure beaucoup trop empreinte de culture sanitaire. En d'autres termes, les pouvoirs publics auraient tendance à appréhender nos maisons de retraite comme des établissements médicaux plutôt que comme des lieux de vie en leur appliquant des dispositifs normatifs issus du champ sanitaire. »[3]

Nous allons tenter de définir le degré de ces contraintes, pour les EHPAD, contraintes par ailleurs et pour certaines d'entre elles, souhaitables et nécessaires.

Il est intéressant de relever une appréciation sur le développement des normes et obligations de toute nature concernant les établissements d'hébergements :

« Dès lors, l'enjeu de simplification des normes est réel, mais complexe à appréhender en EHPAD : les établissements n'ont pas les mêmes moyens et compétences en interne : ces établissements peuvent être isolés ou rattachés à un siège (associatif ou privé commercial) ou constituer un budget annexe d'un hôpital. La taille des EHPAD varie. La présence ou non de professionnels de la qualité, sécurité, gestion de risques, influence la mise en

---

[3] Christophe Robert : « EHPAD, péril en la demeure », *Le journal des acteurs sociaux*, numéro 221, novembre 2017, page 13 et 14.

œuvre des obligations, de même que la culture et les appétences de l'encadrement sur les questions normatives et de sécurité.

Il n'existe pas toujours de priorisation des normes. Dans les faits, des arbitrages peuvent être réalisés en fonction de critères propres à chacun et la plupart du temps, ils sont de bon sens (niveau de risque pour les résidents, les salariés, risques pour l'établissement). Le foisonnement normatif peut également induire une tendance à la banalisation. Certaines normes ne sont pas appliquées, plus ou moins consciemment.

Une récrimination récurrente en EHPAD réside dans le postulat que la réglementation peut impliquer un arbitrage entre le temps passé auprès du résident et les temps annexes pouvant être défavorables pour lui. Ce dernier peut se retrouver dans ce constat, puisque les effets du travail autour de la qualité et de la sécurité, par exemple, ne sont pas visibles contrairement à un temps humain et social immédiatement identifiable. De même, les résidents, les familles et le personnel déplorent souvent les contraintes liées à la maîtrise des risques sanitaires en cuisine (HACCP), qui, selon eux, brident la créativité et le goût.

Les normes ont un coût direct (coût des équipements, des maintenances) et indirect (temps humain). En EHPAD, ces coûts pèsent sur les départements, les ARS et les résidents à travers le financement des prix de journée. »

Enfin, certaines normes mettent en tension le principe d'autonomie et de liberté des personnes. Cette tension permanente dans le secteur est souvent mise en avant par les résidents et les professionnels (médicaments, circulations, tabac, alcool, mobilier personnel)[4].

---

[4] CNSA – Commission Normes et Moyens, Normes et Moyens en EHPAD. Questionnaire et visites sur site : ce qu'en disent les

CHAPITRE 1

De quelques définitions préalables

Nous allons regarder quelques-uns des concepts clés qui animent notre réflexion.

Il peut être, en effet, intéressant de commencer par donner quelques définitions sur les notions utilisées.

Une première définition peut nous permettre de mesurer le sujet que nous traitons :

« Document accessible au public établi par consensus et approuvé par un organisme reconnu, qui fournit, pour des usages communs et répétés, des règles, des lignes directrices ou des caractéristiques, pour des activités d'organisation ou de production ou leurs résultats, garantissant un niveau d'ordre optimal dans un contexte donné.

Dans une situation où n'existe aucun document normatif, on appelle norme par défaut l'état habituel de la pratique, conforme à la moyenne générale des cas et considéré comme étant la règle. »[5]

---

professionnels, Rapport-Présentation des résultats, septembre 2015, pages 10 et 11.
[5] Hervé LECLET, Claude VILCOT : *Qualité en santé. 150 questions pour agir*, édition AFNOR, 2007, page 457.

Les « démarches qualité » réalisées dans tous les établissements sociaux et médico-sociaux, mais plus généralement, dans le cadre des entreprises privées de toute nature, sont fondées sur l'existence de normes précises.

Dans la définition ci-dessus citée, il peut y avoir effectivement une réflexion sur la multiplicité de règles et/ou d'obligations qui pourraient entrer dans la définition d'une norme.

Voici une approche qui permet de mieux ajuster la définition de la norme.

L'intégration de la norme peut s'effectuer dans son utilisation par une autorité juridique :

« Là encore, il faut revenir à la démarche de Kelsen, pour qui la validité est le mode d'existence spécifique des normes. Soit une norme est valide, soit elle n'est pas une norme (elle n'existe pas comme norme). Ross, pour sa part, retient qu'une norme est valide dès lors qu'elle est effectivement utilisée par une autorité juridique. Dans les deux cas, la validité va dépendre de l'intégration de la norme dans un système ; plus exactement de sa production en conformité avec les exigences du système concerné. »[6]

Plus simplement, une définition peut nous permettre d'approcher avec simplicité la réalité de ce que serait une norme au plan institutionnel :

« Dans le présent document, on désigne par "normes" ou "obligations" un ensemble de règles juridiques,

---

[6] Éric MILLARD – Cahiers du Conseil constitutionnel n° 21 (Dossier : La normativité) – janvier 2007, *Professeur à l'Université Paris-Sud XI, Centre de Théorie et Analyse du Droit (UMR 7074)*, dans site : http://www.conseil-constitutionnel.fr

administratives ou techniques qui s'imposent aux EHPAD. »[7]

La question des normes connaît aussi son apogée avec le développement des recommandations de l'ANESM, toutefois prolongée par une volonté de les maîtriser.

Les EHPAD doivent s'approprier ces recommandations.

Leur valeur juridique reste particulière ainsi qu'un bulletin l'exprime :

« Les recommandations de l'ANESM n'ont pas de valeur impérative. Le Conseil d'État dans une décision du 23 décembre 2014 a reconnu aux recommandations de l'ANESM le caractère de décision faisant grief, toute personne ayant un intérêt à agir pouvant les contester devant le juge de l'excès de pouvoir. La DGCS a récemment précisé la portée de cet arrêt en rappelant que les recommandations cristallisent l'état des connaissances à un moment donné et servent à éclairer les professionnels du secteur social et médico-social et à procéder à l'évaluation des activités des établissements et services. Elles ne créent pas par elles-mêmes de droits ni d'obligations à leur égard. Par conséquent, leur méconnaissance ne peut donner lieu à sanction. »[8]

Les normes, les obligations diverses, les règles contraignantes ou non, les recommandations de toute nature n'ont cessé de se multiplier.

---

[7] CNSA – Commission Normes et Moyens, Normes et Moyens en EHPAD. Questionnaire et visites sur site : ce qu'en disent les professionnels, Rapport-Présentation des résultats, septembre 2015, page 4.
[8] Actualités FHF / autonomie – 09/10/2015.

Ce phénomène présente bien entendu des caractéristiques positives, en ce qu'il permet de mettre en place une véritable qualité, dont une des particularités est son caractère évolutif.

D'une manière générale, on ne peut que constater qu'il semble exister une véritable volonté nationale exprimant une satisfaction à la diminution des normes, quel que soit le secteur concerné :

« Pour autant, il convient de saluer la volonté du Sénat de renforcer la lutte contre l'inflation des normes. »[9]

La notion de normes peut également s'étendre à celle de normes verbales.

En voici un exemple.

Nous allons évoquer l'article numéro 128 du 15 février 2018, du comité consultatif national d'éthique pour les sciences de la vie et de la santé, dont l'intitulé est : « Enjeux éthiques du vieillissement ».

L'intitulé exact de cet article est le suivant :

« Quel sens à la concentration des personnes âgées entre elles, dans des établissements dits d'hébergement ? Quel levier pour une société inclusive pour les personnes âgées ? »

Dans ce rapport, nous pouvons trouver en page 11 une indication intéressante, dont le titre est la modification des « normes verbales » :

---

[9] *Conseil national d'évaluation des normes, Rapport public d'activité 2014*, Monsieur Alain LAMBERT, juillet 2015, Président du Conseil national d'évaluation des normes, page 9.

« Les normes verbales sont signifiantes d'une modification de notre regard et d'une forme de discrimination ou d'exclusion. De même, le nom d'établissement d'hébergement (notion qui renvoie à celle d'un logement provisoire pour réfugiés ou sinistrés) pour personnes âgées dépendantes devrait être modifié parce qu'il comporte une dimension péjorative. »

« Le mot de démence est lui aussi un mot couperet, il contribue ainsi à maintenir des idées reçues. »

Les concepts mêmes définis ne peuvent pas être traités seuls.

C'est dans l'addition des uns et des autres concepts que nous pouvons mieux comprendre les conséquences que subissent les EHPAD.

Afin de comprendre la difficulté de l'insertion des contraintes imposées aux établissements d'hébergement, il faut lier cet excès de contraintes à la mesure des coûts dont les caractères restrictifs, au travers des trois tarifications distinctes, accentuent l'insatisfaction tant des gestionnaires, que du personnel, des résidents ou de leurs familles.

Les notions de plafond et de convergence, dont on mesure parfaitement qu'elles puissent connaître des interprétations différentes, troublent pourtant les discussions sur les EHPAD, au regard du constat nationalement reconnu d'un manque d'effectif criant au sein de ces structures.

Plafond et convergence doivent être examinés et analysés au regard de l'évolution des ratios de personnel, évolution qui doit donc prendre en considération l'avancée des outils chargés d'établir les besoins en accompagnement de la personne âgée hébergée ainsi que ses besoins en soins.

Apportons une première approche de la notion de plafond.

Systématiquement, et tout d'abord, la notion de plafond imposée aux tarifications a naturellement posé des limites dont les conséquences sont en inadéquation totale avec l'évolution de la qualité institutionnelle.

Cette notion est venue s'imposer selon une double modalité :

La première est celle de ne jamais dépasser ce plafond, quelle que soit la circonstance exceptionnelle qu'un établissement puisse mettre en avant.

La seconde se trouve dans la volonté de faire en sorte que l'obtention de ce plafond ne soit pas réalisée dans son immédiateté, au regard d'une situation immédiatement susceptible d'entraîner l'obtention de ce plafond, mais selon un calendrier qui repousse aux années suivantes l'aboutissement de ce processus.

Nous trouvons cela exprimé dans la dernière réforme issue de la loi du 28 décembre 2015, qui crée des actions de convergences, au niveau des soins, mais aussi et surtout au niveau de la dotation de la dépendance, dont l'étalement tant en termes de complément de dotation qu'en termes de diminution de cette même dotation, porte sur une période particulièrement longue de sept années.

Il s'agit là d'une véritable difficulté perçue comme une aggravation dans le fonctionnement financier et budgétaire des établissements, qui, de bonne foi, ne cessaient de progresser dans leur amélioration qualitative.

La deuxième notion est celle des convergences tarifaires.

Si le besoin d'une programmation d'un « rapprochement des tarifications » au niveau national peut apparaître comme une évolution positive, les convergences tarifaires n'ont pas été à ce jour probantes.

La diversité des prises en charge en matière de tarification de la dépendance s'est révélée d'une manière exceptionnellement paradoxale à travers la valeur GIR du point départemental, au cours de l'année 2017, démontrant une inégalité de traitement de l'accompagnement de la personne âgée relatif à son état de dépendance particulièrement élevée entre les différents départements français.

Ainsi, et selon la DGCS et la CNSA, la valeur du point GIR départemental, calculée sur la quasi-totalité des départements, s'élèverait à 7 €, avec des niveaux allant de 5,68 € (il s'agit du département des Alpes-Maritimes) à 9,47 € (il s'agit de la Corse-du-Sud).

Le différentiel se situe à près de 60 % entre ces deux départements particulièrement proches, géographiquement parlant.

La conversion en termes de dotation peut apparaître considérable et les conséquences sur la qualité de l'accompagnement des personnes âgées hébergées ne peuvent qu'être majeures.

Dans la tourmente de leurs activités quotidiennes et au regard des constats maintes fois relevés de l'augmentation de la dépendance et des pathologies des personnes hébergées, il eût été plus heureux de ne pas utiliser ces concepts dans le même temps, mais aussi de les utiliser de manière positive et non restrictive.

CHAPITRE 2

Deux notions complémentaires particulièrement exigeantes en termes de temps et de coûts souvent non pris en charge : l'adaptation et la personnalisation du fonctionnement aux déficiences des personnes hébergées

Progressivement, dans les EHPAD, deux notions ont pu apparaître comme véritablement déterminantes de l'amélioration des conditions de vie des résidents en institution.

Que ces exigences nouvelles soient souhaitées, nul n'en doute ni ne les refuse.

Il reste que, progressivement, ces exigences s'imposent dans les fonctionnements institutionnels, accompagnées de leur somme de contraintes et sans qu'aucune prise en considération de leurs surcoûts ne soit partiellement ou totalement examinée.

La première notion touche à l'adaptation des activités.

En voici un exemple :

Le principe qui fonde cette nouvelle orientation tient au fait que les animations collectives traditionnelles seraient désormais mieux appréciées si elles étaient adaptées.

De la même façon, et, par exemple, au regard de l'âge moyen des personnes hébergées, de leurs déficiences physiques, l'activité physique qui est proposée aux résidents d'une institution nécessiterait et gagnerait à être « adaptée ». On parlera ainsi d'activités physiques adaptées[10].

Cette notion d'adaptation des activités au public hébergé et concerné trouve son expression dans les activités diversifiées proposées aux personnes atteintes de la maladie d'Alzheimer ou de maladies apparentées dont voici certaines des expressions, sans qu'elles ne soient simultanément mises en place dans les structures, mais dont on peut mesurer la variété et les coûts qui, naturellement, en découlent :

« Atelier mémoire, jardins thérapeutiques, stimulation cognitive, musicothérapie particulièrement appréciée, zoothérapie, atelier "réminiscence", gymnastique douce, relaxation, des ateliers particulièrement appréciés, soins esthétiques et massages, activités de mobilisation physique, espace SNOEZELEN, cuisine – de type thérapeutique –, travaux manuels, décoration et bricolage, activités festives, goûters et anniversaires, écoute musicale, chants et chorale, sorties et promenades, jeux de société, peinture, sculpture ou collage, lecture, visites de musées ou d'expositions. »[11]

---

[10] « Dispositifs d'activités physiques et sportives en direction des âgées », Rapport remis aux ministres, établi par le groupe de travail, sous la présidence du Professeur Daniel Rivière, décembre 2013. Ce rapport a été commandé par la ministre des Sports, de la Jeunesse, de l'Éducation populaire et de la Vie associative, Valérie Fourneyron, et par la ministre déléguée aux Personnes âgées et à l'Autonomie, Michèle Delaunay. Le groupe a travaillé en toute indépendance et les propositions de ce rapport n'engagent que leurs rédacteurs.
[11] « Des dispositifs de prise en charge et d'accompagnement de la maladie d'Alzheimer », la lettre de l'observatoire de la fondation Médéric Alzheimer. Il s'agit du numéro 35, de décembre 2014, page 9.

Cette adaptation des activités en établissement d'hébergement a conduit à la fois à des coûts complémentaires, qui n'ont jamais ou presque été intégrés dans la lecture budgétaire, financière et tarifaire des établissements, mais également qui n'ont jamais été instruits en termes de présence et d'action humaine complexifiées.

On peut largement quantifier le coût d'un espace SNOEZELEN.

On peut également le faire pour une cuisine de type thérapeutique.

Très souvent, aux côtés des animations produites par les animateurs salariés d'une institution, des coûts complémentaires émanent des cours de gymnastique adaptée, que l'on appelle plus communément des activités physiques adaptées, ou bien alors d'actions spécifiques en termes de musicothérapie, d'art-thérapie, ou de zoothérapie.

Toutes ces actions entrent dans des catégories financières complémentaires dont les coûts sont loin d'être négligeables.

On peut évoquer, au détour et en continuité de cette réflexion, l'analyse apportée sur le PASA, pôle d'activités et de soins adaptés, dont les contours semblent appréciés par les établissements, mais dont les coûts et les exigences liés à l'autorisation de son fonctionnement peuvent être largement critiqués :

« De façon globale concernant l'ensemble des dispositifs spécifiques (accueil de jour, accueil temporaire, UHR, PASA), les visites sur site et certains entretiens menés dans le cadre de l'étude (avec les ARS, conseils départementaux, fédérations) ont confirmé les enseignements du questionnaire en ligne. Il en ressort en synthèse que les dispositifs spécifiques UHR/PASA sont jugés intéressants, mais que les établissements concernés déplorent les conditions strictes des cahiers des charges, nécessaires pour l'obtention des moyens permettant de les faire fonctionner. Les moyens sont régulièrement jugés faibles au regard de la charge de travail que ces dispositifs nécessitent pour fonctionner pleinement (« financement PASA/UHR ne permettant pas de recruter selon les besoins réels des établissements, mais uniquement pour le personnel de soins »).

Les contraintes architecturales sont par ailleurs régulièrement jugées lourdes pour les dispositifs de type PASA et UHR (« les cahiers des charges sont très contraignants »)[12].

Les traditionnelles « maisons de retraite » fonctionnaient selon des modalités classiques d'organisations et d'activités, telles que les activités de groupe, de loisirs collectifs, ou des activités de regroupement autour, par exemple, des anniversaires des résidents, alors qu'aujourd'hui, les modalités de fonctionnement sont devenues complexes et touchent à une adaptation des activités à la singularité et à la spécificité des personnes hébergées.

Les coûts humains et les coûts financiers qui en découlent ont rarement été appréciés, et encore moins à leur juste valeur quand ces dépenses ont pu être intégrées dans certains établissements. Il est important de relever que plus aucun établissement aujourd'hui ne peut vivre sans cette particularité de l'adaptation des animations et des activités proposées.

---

[12] CNSA – Commission Normes et Moyens, Normes et Moyens en EHPAD. Questionnaire et visites sur site : ce qu'en disent les professionnels Rapport – Présentation des résultats, septembre 2015, page 37.

L'adaptation des activités connaît des prolongements dans nombre de prestations des institutions d'hébergement. Il en est ainsi, par exemple, et nous en parlerons, de l'adaptation des repas aux capacités alimentaires limitées des personnes âgées hébergées. Ainsi et, par exemple, les repas traditionnels sont aujourd'hui une modalité de la prestation restauration, qui trouve ses expressions diversifiées à travers des repas classés comme étant « mixés », ou bien alors « hachés ».

La deuxième notion est celle de la personnalisation des activités proposées aux résidents, par connaissance de leurs souhaits et par la rédaction officielle d'un projet de vie personnalisé ou individualisé.

En voici le texte fondateur, même si les pratiques ont pu être anticipées et déjà mises en place en termes d'accompagnement personnalisé des résidents :

Art. D. 312-155-0.-I. Les établissements d'hébergement pour personnes âgées dépendantes mentionnés au I et au II de l'article L. 313-12 :

« 3° Mettent en place avec la personne accueillie et le cas échéant avec sa personne de confiance un projet d'accompagnement personnalisé adapté aux besoins comprenant un projet de soins et un projet de vie visant à favoriser l'exercice des droits des personnes accueillies. »[13]

Apportons des précisions que nous espérons intéressantes en matière d'information sur ce qu'est un projet de vie individualisé :

---

[13] Article 1 du décret n° 2016-1164 du 26 août 2016 relatif aux conditions techniques minimales d'organisation et de fonctionnement des établissements d'hébergement pour personnes âgées dépendantes.

« Le projet de vie individualisé définit les modalités de prise en charge et d'accompagnement individuel adaptées aux besoins et aux attentes des personnes. L'objectif en est la prise en compte éthique de l'être humain, le respect de la dignité des droits, ainsi que la recherche de qualité de vie correcte. Celle-ci repose avant tout sur l'environnement humain. Quatre indicateurs peuvent être retenus : des pratiques soignantes humanisées, l'appropriation des lieux, l'usage des pratiques sociales et culturelles permettant l'intégration au groupe et la mise en œuvre d'aides pluridisciplinaires. »

Voici ce que précisait un directeur d'agence nationale d'évaluation et de la qualité des établissements et services sociaux et médico-sociaux. Son propos concernait le projet personnalisé.

Il répondait à la question suivante : « Qu'implique l'adaptation du projet personnalisé dans le temps ?[14] »

Sa réponse était la suivante :

« Le projet personnalisé ne peut être figé. Il doit être constamment réévalué et constitue, à ce titre, un facteur majeur d'augmentation de la qualité de vie, de la qualité de la prise en charge en EHPAD. Ce qui suppose une organisation interne qui s'appuie sur un travail en équipe multidisciplinaire, à l'écoute des besoins de la personne jusqu'en fin de vie, et des outils adaptés qui permettent notamment de mesurer si l'évolution du comportement résulte de pratiques inadaptées.

---

[14] La question lui est posée par M. Frédérico PALERMITI dans le numéro 11, d'octobre 2009, de la lettre de l'observatoire des dispositifs de prise en charge et d'accompagnement de la maladie d'Alzheimer, de la fondation MÉDÉRIC ALZHEIMER, en page 6.

La pratique nécessite donc des coûts documentés et d'associer tous les acteurs à cette fin. »

Un décret récent confirme le caractère essentiel du concept de projet personnalisé[15].

Ce projet personnalisé est tout d'abord mis en valeur au sein de l'établissement d'hébergement pour personnes âgées dépendantes, dans sa globalité.

« 3° : Mettent en place avec la personne accueillie et le cas échéant avec sa personne de confiance un projet d'accompagnement personnalisé adapté aux besoins comprenant un projet de soins et un projet de vie visant à favoriser l'exercice des droits des personnes accueillies ».

Cette personnalisation s'exprime aussi à travers la mise en place d'une structure personnalisée.

Une de ces expressions est celle du pôle d'activités et de soins adaptés.

Il est rappelé au niveau de ce que l'on dénomme le pôle d'activités et de soins adaptés[16], élaborant un projet spécifique qui prévoit ses modalités de fonctionnement, notamment en ce qui concerne :

- « 1° Les horaires et jours d'accueil du pôle ;
- « 2° Les activités thérapeutiques individuelles et collectives ;

---

[15] Décret n° 2016-1164 du 26 août 2016 relatif aux conditions techniques minimales d'organisation et de fonctionnement des établissements d'hébergement pour personnes âgées dépendantes.
[16] *Ibid.*

- « 3° Les modalités d'accompagnement et de soins appropriés ;

- « 4° L'accompagnement personnalisé intégrant le rôle des proches aidants ;

- « 5° Les transmissions d'informations entre les équipes soignantes de l'établissement d'hébergement pour personnes âgées dépendantes et du pôle ;

- « 6° L'organisation du déplacement des résidents entre leur unité d'hébergement et le pôle d'activités et de soins adaptés ;

- « 7° L'organisation du déjeuner et des collations.

Nous connaissions et connaissons encore l'exigence d'un projet d'établissement.

À la suite de la réforme de 1999, les EHPAD ont eu l'obligation de mettre en place ce qui, à l'origine, était dénommé projet institutionnel.

En 2002, le projet institutionnel devenait le projet d'établissement, à l'image de son appellation au niveau sanitaire.

Progressivement, et sans que ne soient mises en place des formules de financement, même partielles, les établissements d'hébergement se voyaient demander l'élaboration d'un projet de vie individualisé ou personnalisé pour leurs résidents.

Si, dans sa conception, ce projet personnalisé pouvait avoir un caractère nécessaire, voire séducteur en termes de bon fonctionnement et d'approche qualitative en matière de pratiques professionnelles, et si, à l'origine, nul ne pouvait douter que sur le terrain et dans le cadre d'une pratique professionnelle classique, les animations et activités proposées conduisaient naturellement à une approche personnalisée du besoin du résident, la finalisation du projet personnalisé constitue un long travail, au coût important, dont personne ne semble s'être soucié.

Il faut y rajouter les obligations d'actualisation, d'évaluation, et d'adaptation à l'état de santé ou de perte d'autonomie qui peuvent toucher la personne concernée.

Ces modalités initiales et successives prennent en considération les familles de chaque résident et, éventuellement, sa personne de confiance.

La notion de projet personnalisé ou individualisé nécessite naturellement un coût d'investissement financier et humain dont la mesure n'a été ni établie ni répercutée en matière de tarification.

D'une manière générale, la notion de projet individualisé participe à l'action menée tant au plan sanitaire, d'hébergement, ou d'accompagnement d'une déficience ou d'une dépendance de chaque résident.

La première obligation d'individualisation du projet se trouve exprimée à travers l'obligation d'insérer, au sein du contrat de séjour que doit signer le résident, une annexe chargée de proposer les objectifs de la prise en charge et de l'accompagnement de la personne nouvellement admise, avec, au terme des six premiers mois de sa présence en institution, une actualisation de ces objectifs, annexe qui représente l'équivalent d'un véritable projet de soins et d'accompagnement personnalisé.

Très concrètement, l'obligation de la tenue d'un dossier médical pour chaque résident apparaît comme une tradition indispensable à la bonne prise en charge médicale de la personne âgée hébergée.

La qualité de la tenue de ce dossier, qu'il demeure encore sous forme de papier ou qu'il s'inscrive dans une dimension informatique aujourd'hui largement développée dans les EHPAD, nécessite un travail considérable et sérieux de la part des équipes soignantes.

Le projet de soins s'inscrit dans une obligation légale.

S'y rajoute un projet de vie personnalisé qui se trouve en lien avec la tarification de l'hébergement.

Alimentation adaptée, animations en lien avec la vie passée du résident, c'est-à-dire très clairement, animations proches de l'individualisation, respect du rythme de vie du résident, participent à ce projet de vie individualisé.

Chacun de ces projets nécessite une connaissance des besoins de la personne nouvellement admise. On peut imaginer l'importance de l'investissement de tout le personnel concerné par cette recherche de compréhension des besoins du futur résident.

Chacun de ces projets nécessite également une connaissance des attentes de chaque résident. Sur ce sujet, comme sur le sujet précédent, et plus encore que sur le sujet précédent, la recherche des attentes des résidents nécessite un investissement coûteux au plan humain.

Il faut naturellement que l'ensemble de ces projets soit travaillé par ce que l'on peut définir comme étant « l'équipe pluridisciplinaire ».

Cette « équipe pluridisciplinaire » devrait et pourrait comprendre a minima : le médecin coordonnateur, le psychologue, le cadre de santé, l'animateur.

Cette équipe pluridisciplinaire doit se rencontrer à plusieurs reprises.

Au préalable, un travail préliminaire devrait être effectué pour mieux entendre, écouter, comprendre le nouveau résident de l'institution.

Il n'est pas inintéressant, à ce stade de la réflexion, de préciser que nos institutions disposent en général d'un médecin coordonnateur à temps partiel, ainsi que d'un psychologue également à temps partiel. Si le nombre d'animateurs a pu augmenter ces dernières années, de nombreux établissements ne disposent aujourd'hui, pour une capacité de 70 à 90 places, que d'un seul animateur.

Un recueil écrit des informations doit être établi.

Comme cela est de tradition, il serait intéressant d'écouter la famille du résident.

Au terme de l'ensemble de cette procédure, il y a nécessité de la rédaction d'un véritable projet de soins individualisé, mais également d'accompagnement et de vie.

Ce projet doit faciliter l'intégration du résident au groupe, mais également lui permettre de mettre en place des pratiques qui lui sont habituelles, ainsi, par exemple, l'écoute de la musique classique, pratiques sur lesquelles nous devons l'accompagner et l'aider.

- Ces projets doivent être actualisés.
- Mais également réévalués.
- Ces projets devront être profondément modifiés lorsque le niveau de dépendance de la personne concernée augmentera d'une manière importante.

- Ces projets doivent connaître une dernière actualisation, une dernière programmation, dans le cadre d'une situation de fin de vie.

Ces quelques explications, non exhaustives, ne peuvent que nous conduire à reconnaître qu'il ne peut pas ne pas y avoir de coûts particulièrement importants en termes d'investissements humains, donc de coûts financiers pour nos établissements dans le cadre de cette recherche de projets individualisés ou personnalisés.

Si nous restons dans un cadre strict, nous pourrions dire que ces projets individualisés seront établis dans le temps de travail des acteurs ci-dessus cités. En ce sens-là, aucun surcoût ne pourrait alors avoir lieu.

Mais toute cette équipe pluridisciplinaire est déjà plus que largement occupée.

- Le médecin coordonnateur avec ses 13 missions.
- Le cadre de santé avec l'ensemble de la maîtrise du processus de soins à l'intérieur des établissements dans lesquels les effectifs sont encore restreints.
- Le psychologue dont les missions sont étendues, en plus des résidents, à l'accompagnement du personnel, souvent en situation d'épuisement professionnel, mais également à l'accompagnement et à la compréhension des familles, dont les interventions sont aujourd'hui récurrentes.

C'est pour cela que nous pouvons dire que la mise en place des projets personnalisés a un coût.

À cela se rajoutent les nécessaires actualisations et leurs possibles coûts.

Voici le tableau inséré dans notre précédent ouvrage en pages 38, 39 et 40[17] :

Le thème concerné	La régularité de l'actualisation	Les besoins en travail interne ou externe	Fourchette de coûts horaires et/ou en euros	Observations ou commentaires
Le règlement de fonctionnement	Au minimum chaque cinq ans. Son actualisation est à réaliser à chaque modification interne d'origine législative ou réglementaire	Suivi de l'ensemble de la législation et la réglementation. Suivi des recommandations des instances comme le conseil de la vie sociale	Coûts horaires : On peut l'estimer à un besoin de regard et de suivi de l'ensemble de l'actualité gérontologique d'environ : 40 à 80 heures par année.	
Le projet d'établissement	Il est établi pour un maximum de cinq années. Il peut connaître des avenants.	Il est de nature d'être accompagné par une société de formation extérieure, dont le coût peut varier et s'élève a minima à plusieurs milliers d'euros	Coûts horaires : Un minimum dans l'année, de trois ou quatre journées de réunion du comité de pilotage	

---

[17] Gérard Brami : « Les enjeux du manager d'EHPAD, abécédaire pratique », LEH, 2018.

				Ce comité comprend des représentants de chaque catégorie de personnel. Coût en euros. L'élaboration d'un projet d'établissement, accompagnée par un centre de formation professionnelle, peut se comprendre entre : 4 000 à 7 500 €, pour les 5 années. Il restera à chiffrer le suivi annuel de la réalisation des objectifs du projet d'établissement. Le coût en est particulièrement élevé.	

Le contrat de séjour	Il doit être actualisé chaque année au regard des nouvelles tarifications. Il est actualisé au regard de l'évolution de la législation et la réglementation.	Le travail est celui d'un suivi régulier de l'ensemble de la législation et la réglementation. Ainsi que les éventuelles jurisprudences sur le sujet. En la matière, ce sont des heures de travail de suivi et de synthèse des textes en vigueur, mais également des pratiques constatées et ajustées.	Coûts horaires : On peut l'estimer à un besoin de regard et de suivi de l'ensemble de l'actualité gérontologique d'environ 40 à 80 heures par année. À cela se rajoute le besoin de synthétiser les textes et de procéder à leur inclusion dans le contrat de séjour : là aussi, le besoin se situe entre 40 à 80 heures.	Deux lois ont fait progresser l'actualisation des contrats de séjour des EPHAD : Loi numéro 2014-304 du 17 mars 2014 relative à la consommation (loi HAMON) Loi numéro 2015-1776 du 28 décembre 2015 relative à l'adaptation de la société au vieillissement
L'évaluation interne	Elle est effectuée régulièrement.	Elle mobilise une connaissance théorique et une action pratique auprès de chaque service.	Coûts horaires : Entre 250 à 500 heures de travail pour l'ensemble des services	

				Coût en euros : Il est nécessaire d'avoir au moins un salarié diplômé sur le sujet de la qualité : le coût se situe entre 20 000 à 35 000 €.	
L'évaluation externe	Elle s'effectue chaque sept ans ou chaque huit ans. Chaque établissement doit effectuer deux évaluations externes en 15 années.	Elle mobilise une connaissance théorique et une action pratique auprès de chaque service.		Coûts horaires : On peut imaginer un travail cumulé de toutes les équipes à hauteur de : 250 à 500 heures de travail. Coûts en euros : On peut estimer, en dehors de ce travail préalable, une dépense pour un organisme d'évaluation externe de l'ordre de : De 5 000 à 10 000 €	

Essayons d'établir sur ce sujet un état des lieux.

Dans une revue, des indications nous sont données sur « l'état des lieux » en matière de projet individualisé :

Près de la moitié des EHPAD (47 %) affirment déjà avoir formalisé un projet personnalisé pour chaque personne atteinte de la maladie d'Alzheimer, et 15 % seulement pour celles dont la prise en charge est la plus lourde.

« Notons que 34 % n'ont, à ce jour, pas de projet personnalisé pour les personnes malades. La formalisation d'un projet personnalisé est plus fréquente dans le secteur privé commercial (63 % contre 47 % pour le secteur privé non lucratif et 40 % pour le secteur public). Parmi les EHPAD ayant formalisé un projet personnalisé, 67 % déclarent que ce projet personnalisé est discuté avec la personne atteinte de la maladie d'Alzheimer et ses proches de manière systématique. En revanche, uniquement 50 % des EHPAD affirment que ce projet est systématiquement révisé avec la personne malade et son proche. »[18]

Arrive-t-on ainsi à un projet personnalisé pour chaque résident ?

La critique des projets personnalisés est également faite sur la difficulté de son extension à l'ensemble des résidents d'une institution :

« L'allègement de la norme "projet personnalisé", est également évoqué dans le cadre du questionnaire en ligne. En effet, si la personnalisation de la prise en charge est

---

[18] Fondation MÉDÉRIC, « La Lettre de l'Observatoire des dispositifs de prise en charge et d'accompagnement de la maladie d'Alzheimer », n° 11, octobre 2009, p. 6.

plébiscitée, le formalisme entourant le projet personnalisé (révision et signature annuelles) pèse au plan administratif. Certains établissements mentionnent l'inadéquation de la démarche dans certains cas (en fin de vie, par exemple), voire plus globalement en EHPAD. D'autres évoquent la stricte impossibilité de respecter la norme dans les établissements de grande taille (impossibilité de réaliser un projet pour tous les résidents accueillis). »[19]

L'examen de la personnalisation des projets doit tenir compte de ses coûts.

Il devient donc particulièrement intéressant d'essayer de mesurer les coûts qui peuvent découler de la mise en place systématique et globale de ces projets personnalisés.

L'examen de la personnalisation des projets permet de mesurer les efforts considérables des EHPAD pour sa mise en place.

On ne peut que citer à nouveau la suite de l'explication donnée par cette revue, permettant de mesurer l'importance du recueil des données avant l'admission d'une personne, à son entrée ou lors du début de son séjour.

C'est à cette condition que nous pouvons mieux mesurer l'importance du travail individuel et collectif des salariés, tous services confondus.

---

[19] CNSA – Commission Normes et Moyens, Normes et Moyens en EHPAD. Questionnaire et visites sur site : ce qu'en disent les professionnels, Rapport-Présentation des résultats, septembre 2015, page 54.

Car il ne s'agit systématiquement pas d'établir un document type que l'on peut reproduire pour chaque personne âgée.

Voici ce qu'en dit cette revue :

« Le recueil d'informations biographiques.

La question des informations relatives à la vie privée des personnes atteintes de la maladie d'Alzheimer a été abordée sous l'angle des modalités de recueil des éléments biographiques.

Ces informations sur la vie des résidents, leurs préférences, leurs habitudes, leur vie, aident bien souvent les professionnels à mieux comprendre et mieux connaître la personne hébergée. Ces "histoires de vie" constituent, en règle générale, un "outil" de référence pour les équipes, notamment lorsque des difficultés de communication avec le résident s'installent. Elles peuvent également servir de support pour favoriser et développer les liens familiaux et sociaux.

Dans notre enquête, 83 % des EHPAD déclarent recueillir systématiquement des informations bibliographiques lorsque le résident est atteint de la maladie d'Alzheimer, 11 % ne procèdent à un recueil que pour certaines personnes (le plus souvent pour les personnes dont la prise en charge est susceptible de poser des difficultés). 5 % des EHPAD affirment ne recueillir aucune information biographique.

Parmi les EHPAD affirmant recueillir ce type d'informations, 88 % des EHPAD déclarent qu'elles le sont auprès des membres de la famille de la personne malade, 81 % auprès de la personne malade directement, 80 % auprès de l'aidant principal ou de son représentant légal, 49 % auprès du médecin traitant et 10 % auprès d'autres personnes (entourage, voisinage, intervenants libéraux, professionnels de l'EHPAD). »[20]

Une synthèse d'une recommandation de l'ANESM sur la qualité de vie est importante à relever.

Cette recommandation est intitulée : « Qualité de vie en EHPAD (volet quatre), l'accompagnement personnalisé de la santé du résident – avis favorable du comité d'orientation stratégique du conseil civique de l'ANESM. Septembre 2012 ».

Nous précisons, dans un premier temps, que nos remarques sur cette recommandation, comme sur toutes les autres recommandations, pourront contenir des critiques, positives ou négatives, sans que, pour autant, ne puisse être enlevé le caractère de scientificité, de qualité, de travail parfaitement élaboré, de chacune de ces recommandations.

Nul ne semble pouvoir nier aujourd'hui cette qualité de production, qui apparaît même véritablement indispensable au bon fonctionnement institutionnel.

Notre regard et notre analyse porteront sur l'adéquation de la mise en pratique de ces recommandations au niveau des moyens financiers et budgétaires accordés aux institutions pour la réalisation de ces mêmes recommandations.

Quantitativement, il est important de rappeler que cette seule recommandation, qui ne traite d'ailleurs que du projet personnalisé en matière de santé, comprend 110 pages.

---

[20] Fondation MÉDÉRIC, « La Lettre de l'Observatoire des dispositifs de prise en charge et d'accompagnement de la maladie d'Alzheimer », n° 11, octobre 2009, p. 7.

Nous allons procéder en citant quelques extraits de cette recommandation, permettant ainsi de mesurer l'ensemble du travail que doivent réaliser nos établissements d'hébergement.

Nous allons rappeler qu'en page 8, l'objectif de cette recommandation a bel et bien été défini clairement :

« L'objectif de la recommandation est de proposer aux professionnels des pistes de réflexion et d'action sur la place des soins, tant dans le projet personnalisé de chaque résident que dans le projet d'établissement, et sur leur complémentarité avec les autres aspects d'un accompagnement global. »

Le projet personnalisé en matière de santé participe bien à la mission de nos institutions et des professionnels qui y travaillent.

Voici ce qui est écrit[21] :

« En rappelant qu'il est de la mission des professionnels de l'établissement de lui faciliter cette expression et cette participation, de manière continue, et plus formellement lors de l'élaboration du projet personnalisé, quel que soit son niveau d'autonomie et même si ses capacités d'expression et de communication sont fortement réduites. »

La recommandation relève de la complexité de la situation au regard de la prise en considération de multiples facteurs concernant, sur ce sujet, la personne hébergée.

---

[21] « Qualité de vie en EHPAD (volet quatre), l'accompagnement personnalisé de la santé du résident – avis favorable du comité d'orientation stratégique du conseil civique de l'ANESM ». Septembre 2012, page 5.

La complexité de la situation a particulièrement bien été relevée dans cette recommandation, et nous donnons dans sa globalité l'analyse de cette complexité telle qu'elle a été exprimée[22] :

« Le contexte d'intervention des professionnels est complexe :

– la culture professionnelle d'une grande partie des intervenants en EHPAD est une culture sanitaire alors que la mission de l'EHPAD, structure médico-sociale, est la mise en place d'un accompagnement global de chaque personne ;

– La coexistence des différentes cultures hospitalières, sociales et hôtelières nécessite une ouverture mutuelle pour développer une culture commune de "domicile des résidents".

– Les contraintes de moyens et de prestations obligatoires (repas, toilette, soins) peuvent limiter les relations privilégiées avec chaque résident dans le temps imparti ;

– Les grands principes de l'accompagnement autour du respect de la personne et de son identité, du maintien et de la stimulation de l'autonomie peuvent être percutés par la multiplicité des directives, l'intervention des médias sur les questions de maltraitance, de la maladie d'Alzheimer. »

À cette multiplicité de situations, s'ajoutent les particularités de la prise en considération spécifique, en matière de santé, de la personne âgée et très âgée, et d'où découlent des recommandations précises particulièrement importantes en quantité et en qualité.

---

[22] *Idem*, pages 6 et 7.

Voici émises[23] les recommandations sur la personnalisation du projet de soins de la personne âgée hébergée :

Recommandations :

« Évaluer l'ensemble des potentialités et ressources du résident :

- Ses capacités cognitives : l'attention, la mémoire, la compréhension, l'expression, la communication, l'humeur ;

- Ses capacités physiques : les transferts (couché/assis/debout) et les déplacements, la toilette et l'habillage, la continence, l'alimentation et l'état bucco-dentaire ;

- Ses capacités sensorielles : la vue, l'ouïe, l'odorat, le goût, le toucher ;

- Son sommeil : son rythme, sa durée, sa qualité.

– Évaluer le retentissement psychologique pour le résident de ces difficultés.

– Évaluer les motivations du résident à mobiliser ses potentialités physiques ou psychiques et utiliser les ressources humaines et techniques à sa disposition (exemple : le résident a-t-il envie d'utiliser son déambulateur pour se déplacer ?).

---

[23] *Idem* en pages 33 et 34.

– Former les professionnels à l'observation de la personne :

- Sur sa façon de réaliser les activités de la vie quotidienne, de s'approprier son espace personnel, les espaces collectifs ;
- Sur les stratégies de compensation qu'elle a elle-même mises en place ou sur la façon dont elle s'approprie les stratégies de compensation qui lui sont proposées ;
- Sur sa façon d'exprimer ce qu'elle ressent, d'entrer en relation avec les autres.

– Former les professionnels aux outils et échelles utilisés : AGGIR, GEVA, SMAF, RAI.

– Utiliser autant que de besoin les compétences complémentaires des partenaires
(Équipe mobile de gériatrie, consultations) pour affiner l'évaluation si nécessaire et partager les observations.

– Mettre en place un système de traçabilité de ces évaluations faites par les divers professionnels pour qu'elles soient utilisées par le médecin coordonnateur lors de l'évaluation annuelle de la dépendance et des besoins de soins requis faite pour chaque résident. »

La mise en place des projets personnalisés en matière de projet de vie, de projet de soins, de projet d'accompagnement général de la personne hébergée nécessite un travail considérable.

Travail qui nécessite un investissement humain considérable.

Travail qui aboutit à des coûts financiers importants.

L'équipe pluridisciplinaire ou l'équipe multidisciplinaire s'astreint ainsi à des heures de travail, d'écoute, d'échange, travail qu'il serait intéressant d'étudier avec finesse et précision.

Qui peut dire aujourd'hui que cela n'a pas un coût considérable ?

Qui peut dire aujourd'hui que toutes ces démarches liées à la personnalisation des parcours ne constituent pas un complément de travail pour les équipes et les professionnels sur le terrain ?

Qui peut affirmer qu'a minima, les moyens financiers ont été accordés pour que se réalise un travail de qualité sur le sujet des projets personnalisés ?

CHAPITRE 3

Des tarifications critiquées et critiquables qui produisent des insuffisances en termes d'effectifs

Sans entrer dans une littérature qui nous permettrait de mesurer les difficultés de compréhension des tarifications existantes, nous pouvons rappeler déjà, qu'au terme de la première grande loi du 30 juin 1975 relative aux institutions sociales et médico-sociales, qui avait notamment inséré la notion première de médicalisation, et qu'au terme de la réforme issue des décrets et arrêtés du 26 avril 1999, réforme qui avait notamment mis en avant la tarification ternaire ou tripolaire, la critique de ces tarifications continuait à persister montrant ainsi la difficulté conceptuelle des autorités à apprécier d'une manière simple, sobre, fondée sur des indicateurs précis et cohérents, cette problématique financière de dotation devant être accordée aux établissements d'hébergement pour personnes âgées dépendantes :

« Pour autant, les modalités de tarification de ces établissements n'ont pas évolué. Les moyens sont accordés aux établissements selon une procédure contradictoire au cours de laquelle les autorités de tarification fixent, chaque année, les dotations ou les tarifs journaliers destinés à couvrir les dépenses annoncées par les gestionnaires, dans le cadre d'enveloppes de crédits de plus en plus contraintes. Alors que le processus de tarification vise à donner une connaissance fine de la gestion des établissements aux décideurs publics, la lourdeur et les carences du système en l'absence de référentiels de coûts tendent, en réalité, à la reconduction à peine aménagée de coûts de gestion historiques. »[24]

La permanence d'une réflexion nouvelle sur l'avenir des EHPAD apparaît fondée, au regard des chemins contradictoires que ces établissements doivent prendre, troublés par une prise en charge de plus en plus contraignante et une recherche du moindre coût particulièrement difficile à atteindre dans le contexte de l'évolution de leurs missions.

« L'EHPAD de demain » est un sujet d'actualité justifié notamment au regard des nouveaux enjeux qui se posent aux gestionnaires.

Les personnes âgées sont de plus en plus dépendantes à leur arrivée dans une structure d'accueil, elles sont parfois atteintes de maladies neurodégénératives et/ou chroniques qui surviennent dans certains cas très tôt. Si elles ont leurs aidants à leurs côtés, ces derniers sont également âgés et/ou en situation de fragilité face au vieillissement de la personne.

Les tensions budgétaires viennent complexifier la gestion des EHPAD qui doivent adapter leurs modalités de

---

[24] « Cour des comptes, Chambres régionales & territoriales des comptes, lettre du 11 septembre 2014, de son Premier président à Madame Marisol Touraine, ministre des Affaires sociales, de la Santé et des Droits de la femme », Réf. : 70592. Objet : « Le financement des établissements pour personnes âgées dépendantes et adultes handicapés », page 2.

fonctionnement pour continuer à proposer un accompagnement de qualité et innovant au meilleur coût.

Le maintien à domicile est de plus en plus valorisé. En effet, les personnes âgées souhaitent rester chez elles le plus longtemps possible. À la fois pour conserver une qualité de cadre de vie mais également pour retarder le coût financier d'un accompagnement en structure. De même, dans une logique financière, mais aussi de qualité de l'accompagnement et de prévention dans la rupture des parcours, les pouvoirs publics valorisent les accompagnements à domicile. »[25]

La récente mission relative aux établissements d'hébergement, mission de septembre 2017, conduira à entendre une députée, Madame Monique IBORRA, qui a indiqué que, selon elle, on pouvait parler d'une tarification « kafkaïenne » à propos de ces tarifications institutionnelles spécifiques aux EHPAD.

Quarante années après l'instauration de la section de cure médicale, issue de cette loi de 1975, et malgré l'instauration d'une dotation de dépendance dont nous verrons, à travers la valeur du point GIR départemental, qu'elle reflète une inégalité territoriale particulièrement forte, quarante années après la première médicalisation des établissements, les tarifications restent, globalement, critiquées de toute part, car il faut bien entendu rajouter aux

---

[25] Rapport de l'ANAP, « Repères organisationnels et de dimensionnement en surface en EHPAD ». Étude terminée en décembre 2016. Les auteurs sont : Alexandra Lam, alexandra.lam@anap.fr, Axelle Pruvot, axelle.pruvot@anap.fr, Noémie Pierron, noemie.pierron@anap.fr, Anabelle Billy, anabelle.billy@anap.fr, Philippe Crépin, philippe.crepin@anap.fr.

critiques ci-dessus citées, celles des plus grandes fédérations et des grands syndicats français.

L'avenir de ces tarifications doit prendre en compte les besoins de reconstruction et de réfection des établissements, dont on peut mesurer à travers cette citation les futurs travaux qu'ils devront réaliser :

« Ainsi, la construction et la rénovation d'un EHPAD ne peuvent être mises en œuvre sans imaginer ce que sera l'accueil de personnes âgées en EHPAD dans 15 ou 20 ans. Or, 66 % du parc des EHPAD Publics et 46 % des EHPAD Privés Non Lucratifs (PNL) ont été construits il y a plus de 25 ans et entrent dans une phase de rénovation-restructuration ; plus de 30 % (33 % des EHPAD PNL et 41 % des EHPAD Publics) n'ont pas encore connu de restructuration lourde. C'est donc maintenant que ces décisions structurantes doivent être prises. »[26]

De rapport en rapport, ressort l'incroyable constat de l'insuffisance des moyens des EHPAD.

Nous allons évoquer l'article numéro 128 du 15 février 2018, du comité consultatif national d'éthique pour les sciences de la vie et de la santé, dont l'intitulé est :

« Enjeux éthiques du vieillissement »

L'intitulé exact de cet article est le suivant :

« Quel sens à la concentration des personnes âgées entre elles, dans des établissements dits d'hébergements ? Quel

---

[26] Il s'agit d'un rapport effectué par la société KPMG, en avril 2014, et concernant l'observatoire des EHPAD. Ce rapport a été élaboré au cours de l'année 2012.

levier pour une société inclusive pour les personnes âgées ? »

En page 4 de ce rapport, il est intéressant de relever l'importance des coûts liés au vieillissement, coûts ainsi exprimés :

« L'apparition de la dépendance physique et/ou psychique a deux conséquences essentielles. Elle entraîne des frais considérables qui précipitent nombre de ces personnes dans la dépendance économique vis-à-vis de leurs familles ou de la collectivité. »

Il est intéressant de relever que cette appréciation de frais considérables doit également être prise en considération lors de l'intégration d'une personne dans une institution adaptée, notamment un EHPAD.

Cette approche permettrait de mesurer et de faire comprendre les exigences enfin exprimées d'un besoin de moyens financiers particulièrement important pour ce type d'établissement.

En page 7 de ce rapport, dont on peut constater parfois des critiques particulièrement fortes à l'égard de notre système général de fonctionnement, à l'égard des personnes âgées et très âgées, on peut lire :

« La conséquence de ces constats est une augmentation, paradoxale mais politiquement souhaitée, du nombre de lits de résidents dans les EHPAD, dans lesquels les professionnels font du mieux qu'ils peuvent avec des moyens qu'ils n'ont parfois pas. »

La question qui revient systématiquement depuis plusieurs années du reste à charge a elle aussi, été à nouveau évoquée.

Voici ce qu'énonce un rapport :

« Par ailleurs, le rapporteur porte une attention particulière au "reste à charge", qui constitue la majeure partie de la troisième section tarifaire consacrée à l'hébergement. Afin d'atténuer ce dernier, deux voies peuvent être envisagées : d'une part, l'augmentation du seuil de récupération sur la succession du bénéficiaire des sommes versées au titre de l'aide sociale à l'hébergement (ASH) ; d'autre part, la possibilité pour les gestionnaires d'établissement de moduler les prix de journée en fonction du niveau de ressources des résidents. »[27]

De manière générale, les questions de tarification doivent être bien ciblées.

Il apparaît évident aujourd'hui que les dotations en matière de soins et de dépendance doivent prévaloir afin d'assouplir les tarifications liées à l'hébergement.

La notion de reste à charge est déterminante.

Mais un équilibre doit être réalisé permettant une excellente hôtellerie, une restauration de qualité, un prix qui devrait rester purement accessible.

Ce constat du reste à charge a été fait encore récemment :

« Les déterminants du choix d'un EHPAD restent avant tout son prix et sa localisation, et ce choix est d'autant plus contraint qu'il doit bien souvent se faire dans l'urgence, parfois faute d'anticipation et de coordination des parcours.

---

[27] « Commission des affaires sociales, note de synthèse », Rapport d'information n° 341 (2017-2018) de M. Bernard Bonne, sénateur de la Loire, page 2.

Selon certaines études américaines, cette contrainte, en premier lieu financière, expliquerait que la mise en place du "Nursing Home Compare" exacerbe les disparités dans la qualité des établissements plutôt qu'elle les réduit, et profite davantage aux personnes les plus favorisées. Éclairer le choix des personnes âgées et de leurs familles est un objectif louable et pertinent, mais il n'aura de sens que si l'on maximise cette liberté de choix. Pour la rapporteure, cela devra passer par un important travail sur la question du reste à charge en EHPAD ainsi que sur l'information des personnes – notamment en renforçant les centres locaux d'information et de coordination et en renforçant la coordination des parcours. »[28]

Toute analyse doit garder en mémoire, sur ce sujet, la question du développement de la solidarité nationale et en parallèle celle du reste à charge.

Mais les réponses adaptées sont loin d'être faciles d'application.

De nombreuses propositions ont été indiquées dans différents rapports que nous traitons dans un autre chapitre.

S'il est un sujet sur lequel les positions sont particulièrement majoritaires, voire consensuelles, c'est celui des effectifs des services des EHPAD.

Les partis politiques, de la gauche jusqu'à la droite, ont tous reconnu, sous diverses formes, les carences en termes

---

[28] Assemblée nationale, « Mission d'évaluation et de contrôle des lois de financement de la sécurité sociale », Paris, le 24 juillet 2018, « Projet de rapport d'information sur l'évolution de la démarche qualité au sein des EHPAD et de son dispositif d'évaluation », présenté par Mme Annie Vidal, page 64.

d'effectifs, soignants d'abord, mais aussi dans tous les services pour lesquels les EHPAD offrent des prestations.

D'une manière générale, de nombreuses études, et nous pouvons rappeler celles de la DREES, relèvent à juste raison ces carences en termes de personnel et leurs conséquences parfois dramatiques.

Nous allons ici essayer de rappeler un certain nombre d'évidences, en précisant que ces carences viennent s'aggraver avec l'état de dépendance et les besoins en soins des nouvelles personnes hébergées en institution.

Le constat de l'aggravation de la dépendance que nous développerons dans notre réflexion, doublé de l'augmentation du besoin en soins auraient dû naturellement conduire à une évolution particulièrement forte des effectifs du personnel, au regard de ces deux outils de catégorisation, l'un au plan médical, et l'autre au plan paramédical, aux finalités financières légalement acceptées, celle du PATHOS et celle de la grille AGGIR.

Il n'en a rien été.

La déception qui en découle est forte, mais surtout la difficulté de fonctionnement s'est aggravée considérablement, mettant en péril les personnes âgées hébergées, mettant en situation d'épuisement – de burn-out – les salariés, mettant en difficulté structurelle les établissements d'hébergement.

Observons la réalité de l'évolution du taux d'encadrement global.

Voici la réelle évolution du taux d'encadrement global, à travers pratiquement plus d'une décennie de fonctionnement, nouveau fonctionnement issu de la réforme émanant des décrets et arrêtés du 26 avril 1999 :

« Taux d'encadrement global selon le type de convention tripartite.

Logiquement, on observe une légère progression du taux d'encadrement avec la signature des conventions tripartites de 2ᵉ génération.

En effet, le taux d'encadrement moyen est :

– De 0,58 ETP pour les conventions de 1ʳᵉ génération ;

– De 0,60 ETP pour les conventions de 2ᵉ génération ;

– De 0,61 ETP pour les conventions de 3ᵉ génération. »[29]

Les constats suivants peuvent être exprimés :

Nous sommes loin, très loin du Plan Solidarité grand âge, qui a aujourd'hui plus de 10 ans.

Et notre propos doit être encore minimisé par l'affirmation suivante :

« Les deux tiers de cette hausse s'expliquent par l'augmentation du nombre d'EHPAD entre 2007 et 2011. Le tiers restant est dû à l'amélioration du taux d'encadrement dans les EHPAD. »[30]

Pourtant, l'affirmation de cette insuffisance d'effectifs peut se retrouver exprimée d'une manière claire, y compris dans la réflexion préparatoire à la réalisation de la loi du 28 décembre 2015, travail préparatoire qui met en avant une

---

[29] Rapport effectué par la société KPMG, en avril 2014, concernant l'observatoire des EHPAD.
[30] « L'offre en établissements d'hébergement pour personnes âgées en 2011 », études et résultats, Direction de la recherche, des études, de l'évaluation et des statistiques (DREES), numéro 877, février 2014, page 6.

certaine évolution du secteur, tout en rappelant les insuffisances qui lui sont permanentes :

« Depuis une décennie, le monde des établissements d'accueil pour personnes âgées dépendantes a connu une remarquable évolution qualitative. La formation du personnel, la conception architecturale des lieux, les prestations hôtelières et de restauration, la qualité de soins délivrés : sur tous ces plans, la réforme dite, improprement, "de la tarification" aura d'abord et avant tout été une révolution de la qualité. L'évolution a été également quantitative. Le nombre de places d'EHPAD a fortement augmenté au cours des 15 dernières années. Par construction de nouveaux établissements et par transformation de logements-foyers en EHPAD. Nous sommes ainsi passés en une décennie d'un état de relative pénurie de places de maisons de retraite à un relatif équilibre de l'offre et de la demande. Mais cet équilibre est évidemment à nuancer. D'abord, il n'est que momentané, la hausse du nombre de personnes âgées en GIR 1 à 3 ne cessant d'augmenter. Ensuite, parce qu'au-delà du nombre de lits, leur répartition géographique et leur accessibilité financière sont d'autres critères essentiels à prendre en compte pour établir une juste évaluation des besoins.

Mais disons, pour faire court, que les EHPAD ont connu au cours de la dernière décennie une attention particulière de la part des pouvoirs publics. Les moyens financiers et en personnel se sont considérablement accrus (ce qui ne veut pas dire qu'ils sont suffisants), la création de places nouvelles a suivi un rythme très soutenu (ce qui ne veut pas dire qu'il faut désormais tomber dans une logique malthusienne que nous payerions ensuite dans quelques années) et la production législative et réglementaire relative aux EHPAD foisonnante (ce qui fut parfois aussi un facteur d'inflation des coûts et donc des prix de journée). Beaucoup de choses restent à faire et l'attention doit être évidemment constante. Que l'on en prenne acte ou qu'on le regrette, les EHPAD seront à l'avenir des établissements spécialisés dans la grande dépendance, voire dans la maladie d'Alzheimer. »[31]

Il y a pourtant un déni de la réalité devant des évolutions inéluctables.

Deux évolutions peuvent être mises l'une à côté de l'autre démontrant aisément le contenu des difficultés, voire des tragédies des établissements d'hébergement pour personnes âgées dépendantes :

– La dépendance aurait augmenté de l'année 2003 à l'année 2011 d'environ 13 %.

– Le niveau des effectifs de la première génération des conventions tripartites pluriannuelles jusqu'à aujourd'hui ne parle que d'une augmentation tout juste supérieure à 5 %.

– Les concepts utilisés depuis près de deux décennies expriment parfaitement, tant dans le domaine sanitaire qu'en matière médico-sociale, l'évolution restrictive des dotations à destination des institutions : on a ainsi évoqué le besoin de redéploiement des moyens, ou encore, celui de mutualisation[32], en passant par la notion de « budgets contraints ».

---

[31] Mission interministérielle sur l'adaptation de la société française au vieillissement de sa population, janvier 2013, Rapport BROUSSY : « FRANCE : ANNÉE ZÉRO ! » Luc BROUSSY, Conseiller général du Val-d'Oise, maire adjoint de Goussainville, directeur du *Mensuel des Maisons de Retraite*, janvier 2013, page 62.

[32] Cette mention de mutualisation est encore aujourd'hui clairement exprimée : « Le plan d'économies qui structure le déploiement de la stratégie nationale de santé s'articulera autour de quatre axes. Le

Pourtant, la carence en personnel est reconnue et trouble l'avenir des EHPAD.

« Plus qu'ailleurs, le personnel en EPHAD est confronté de façon récurrente à la dépendance, à la maladie, au handicap. En outre, le personnel en question étant de moins en moins nombreux, le travail se fait de plus en plus à "flux tendu". Ainsi, cette situation accentue au fil du temps la fatigue et le stress, et laisse s'installer une usure pour le personnel, pouvant se traduire parfois par une dépression ou par des actes de maltraitance.

À ce constat, il est nécessaire d'ajouter que les fonctions sont peu rémunérées et ne sont pas valorisées. L'ensemble de ces constatations induit parfois une rotation importante du personnel dans les structures et atténue ainsi la qualité des prestations »[33].

---

premier axe vise le renforcement de l'efficacité de la dépense hospitalière, qui passe notamment par des mutualisations qui pourront s'appuyer sur les nouveaux groupements hospitaliers territoriaux et des économies sur les achats hospitaliers, où des marges très importantes demeurent ». Loi n° 2014-1554 du 22 décembre 2014, de financement de la sécurité sociale pour 2015, *Journal officiel* du 24 décembre 2014, page 52 de la loi.

[33] C'est en assemblée plénière en date du 27 juin 2013, que la commission nationale consultative des droits de l'homme a émis un avis sur l'effectivité des droits des personnes âgées. Cet avis est paru au *Journal officiel* de la République française en date du 31 juillet 2013. Cet avis a été sollicité par une lettre en date du 19 octobre 2012, par la ministre déléguée chargée des Personnes âgées et de l'Autonomie. La commission nationale consultative des droits de l'homme a centré son travail sur la question de l'effectivité des droits des personnes âgées. Cette citation se trouve en page 8.

Des auteurs reconnus nous confirment la difficulté française en termes de comparaison :

« En Suède, au Danemark, au Luxembourg, en Autriche ou en Suisse, les établissements pour personnes âgées bénéficient en moyenne de 8 à 12 professionnels pour 10 résidents. En France, nos maisons de retraite en sont en moyenne à 5 pour 10. Ce faible ratio pour l'aide aux personnes âgées est d'autant plus étonnant quand on le compare à celui dont disposent les établissements français aux personnes handicapées de moins de 60 ans. En effet, ceux-ci ont dix ou douze professionnels pour 10 personnes handicapées. C'est dire le traitement que nous réservons à nos personnes âgées fragilisées ou handicapées[34]. »

Les évolutions récentes confirment cette situation difficile, voire dramatique, des effectifs du personnel au sein des EHPAD.

Voici une explication donnée très clairement, explication qui se suffit à elle-même.

Cette analyse est portée par une députée de l'actuelle majorité, « la République en marche », ainsi que par une députée du parti politique de « la France insoumise ».

Cette diversité politique permet de rappeler notre propos initial, celui d'un véritable consensualisme sur cette question de l'insuffisance des effectifs du personnel.

« Pour les rapporteures, un ratio "toutes catégories de personnel confondues" n'est donc pas pertinent et il faut se concentrer sur le personnel au chevet du résident, c'est-à-dire, dans le modèle actuel, les infirmiers et les aides-

---

[34] Par exemple : PASCAL CHAMPVERT : *Prendre soin de nos aînés, c'est déjà prendre soin de nous*, Essai, carnets nord, éditions Montparnasse, 2012.pages 58 et 59.

soignants. Selon l'ensemble du personnel interrogé par les rapporteures, le temps moyen qu'il est nécessaire de consacrer au résident serait d'au moins une heure et demie par jour : une demi-heure pour la toilette, une demi-heure pour le repas, les temps consacrés aux nombreux transferts, à l'incontinence, aux chutes, etc. et à un peu de lien social. Ce calcul ne tient pas compte du temps nécessaire aux transmissions entre soignants ou aux échanges avec les aidants.

C'est sur cet objectif d'une heure et demie par résident et par jour qu'il faut s'appuyer.

« – 0,6 soignant [60 pour 100 résidents] par résident permet d'assurer une toilette adaptée chaque jour, et un bain tous les 15 jours. Il permet aussi de suivre l'état cutané et d'assurer une prévention d'escarres, des soins de nursing journaliers et un habillage soucieux de l'image corporelle du résident.

« – 0,3 soignant [30 pour 100 résidents] n'autorise qu'une seule toilette, aux gestes plus rapides, prodiguée le plus souvent au lit et de manière partielle. En outre, le bain n'est plus donné tous les 15 jours (shampoing non fait, soins d'ongles et soins de bouche non faits, entretien de la prothèse dentaire non régulier) et les soins de nursing restent succincts. Aujourd'hui, ce ratio est de 0,245 aide-soignant (24,5 pour 100 résidents) et de 0,06 infirmier (6 pour 100 résidents). Pour atteindre un ratio de 0,6 (60 pour 100 résidents), un doublement du nombre de soignants "au chevet" (aides-soignants et infirmiers) en EHPAD est donc indispensable. »[35]

---

[35] « Commission des affaires sociales, mission d'information sur les établissements d'hébergement pour personnes âgées dépendantes (EHPAD) », Paris, le 14 mars 2018. « Examen des conclusions de la mission d'information sur les établissements d'hébergement pour

La grande interrogation que nous pouvons avoir est de se demander comment, devant tant de clairvoyance sur le sujet des effectifs, pouvons-nous nous trouver encore en situation de demande minimale d'effectifs notamment de soignants ?

La preuve est faite qu'écrire, analyser, établir des grands rapports ne sont souvent pas suffisants pour faire aboutir des choix même aussi consensuels que celui des effectifs en EHPAD.

---

personnes âgées dépendantes (EHPAD) », Mmes Monique IBORRA et Caroline FIAT, rapporteures, Document provisoire établi sous la responsabilité du secrétariat de la commission des affaires sociales, pages 31 et 32.

CHAPITRE 4

Développement des contrôles et minimisation de phénomènes nouveaux et aggravants dans les EHPAD

Les risques sont nombreux en institution.

Nous en citerons quelques-uns.

Les professionnels, sur le terrain, en mesurent la réalité.

Nous pouvons évoquer le risque lié aux légionelles.

Nous connaissons la définition donnée sur ce sujet.

« Les bactéries du genre Legionella se rencontrent principalement dans les eaux. La gestion du risque sanitaire lié aux légionelles repose avant tout sur de bonnes pratiques d'entretien des réseaux d'eau (en particulier d'eau chaude sanitaire) et des installations à risques, ainsi que sur un bon usage de l'eau lors des soins. »[36]

Un grand nombre de textes est paru sur ce sujet. On peut citer, par exemple, et sans être exhaustif :

---

[36] Circulaire numéro 98 – 771 du 31 décembre 1998 relative à la mise en œuvre de bonnes pratiques d'entretien des réseaux d'eau dans les établissements de santé et aux moyens de prévention du risque lié aux légionelles dans les installations à risques et dans celle des bâtiments recevant du public.

- La circulaire numéro 2002 – 243 du 22 avril 2002, relative à la prévention du risque lié aux légionelles dans les établissements de santé.
- On peut citer également la circulaire numéro 2005 – 286 du 20 juin 2005 relative au référentiel d'inspection des mesures de prévention des risques liés aux légionelles dans les établissements de santé.
- On peut évoquer également la circulaire numéro 2005 – 493 du 28 octobre 2005 relative à la prévention des risques liés aux légionelles dans les établissements sociaux et médico-sociaux d'hébergement pour personnes âgées.
- On peut également rappeler l'arrêté du 1er février 2010 relatif à la surveillance des légionelles dans les installations de production, de stockage et de distribution d'eau chaude sanitaire.

Les textes ne manquent pas.

Le travail réalisé par les établissements est particulièrement conséquent.

Une autre obligation est celle relative à l'exigence de vérification de la qualité de l'air à l'intérieur d'un établissement.

Une obligation existe en matière de surveillance de la qualité de l'air à l'intérieur des locaux d'un établissement.

Nous en trouvons l'expression dans le code de l'environnement (partie réglementaire) :

Art. R. 221-30.-I. « Les propriétaires ou, si une convention le prévoit, l'exploitant des établissements publics ou privés appartenant à l'une des catégories mentionnées au II sont tenus de faire procéder, à leurs frais, à une surveillance de la qualité de l'air à l'intérieur des locaux de leur établissement. Cette surveillance est renouvelée tous les sept ans. »

Certaines de ces dispositions ont pu être modifiées ou supprimées[37].

La surveillance périodique de la qualité de l'air concerne les établissements d'hébergement pour personnes âgées dépendantes, qui devront la réaliser avant le 1er janvier 2023[38].

---

[37] Voici ce qu'exprime la notice du décret n° 2015-1000 du 17 août 2015 relatif aux modalités de surveillance de la qualité de l'air intérieur dans certains établissements recevant du public : « Notice : la surveillance de la qualité de l'air intérieur comporte une évaluation des moyens d'aération des bâtiments et une campagne de mesure des polluants. Le présent décret dispense de la campagne de mesure des polluants les établissements qui ont mis en place des dispositions particulières de prévention de la qualité de l'air intérieur dans des conditions fixées par arrêté. Il supprime l'obligation d'accréditation des organismes réalisant l'évaluation des moyens d'aération des bâtiments. Il prévoit que les organismes accrédités qui réalisent les campagnes de mesures de polluants communiquent les résultats des mesures réalisées à un organisme national désigné par arrêté. Le décret accorde, lorsqu'au moins pour un polluant mesuré le résultat des analyses effectuées dépasse certains seuils, un délai de deux mois au propriétaire ou à l'exploitant de l'établissement pour engager l'expertise nécessaire à l'identification de la cause de pollution. Il repousse au 1er janvier 2018 l'échéance avant laquelle les établissements d'accueil collectif d'enfants de moins de six ans et les écoles maternelles devront avoir mis en œuvre pour la première fois le dispositif de surveillance de l'air intérieur. »
[38] Article 8 du décret n° 2015-1000 du 17 août 2015 relatif aux modalités de surveillance de la qualité de l'air intérieur dans certains établissements recevant du public.

Les coûts de cette surveillance ont pu être déterminés :

« Selon l'étude d'impact réalisée par le ministère du Développement durable, les coûts moyens sont estimés à 2 600 euros en moyenne par établissement. »[39]

Qualité de l'air, qualité de l'eau, lutte contre différentes bactéries, mais également contre les possibles épidémies, ou contre les risques liés au temps – aux vagues de froid ou aux épisodes caniculaires – conduisent à de véritables obligations dont les coûts sont rarement définis ou cernés laissant sans filet de protection des EHPAD souvent débordés et décontenancés mais qui restent toujours vigilants.

À la multiplication des contrôles, ne peuvent que s'ajouter des évolutions liées à l'augmentation des situations aggravantes dans les fonctionnements institutionnels.

On ne peut pas aujourd'hui ne pas constater la réalité des nouveaux entrants en EPHAD.

Qui peut aujourd'hui nier l'ampleur du phénomène de vieillissement dans nos sociétés et ne pas en mesurer les conséquences pour nos institutions qui sont, pour les personnes hébergées, leurs derniers lieux de vie ?

Une courte synthèse de ce qui est déjà dit et surtout vécu peut mieux encore rafraîchir nos pensées écornées par l'indifférence nationale à l'égard du sort de nos résidents.

Un autre constat doit être cité, celui de l'aggravation de l'âge moyen des personnes âgées hébergées.

Il s'agit là d'une question essentielle.

---

[39] HOSPIMEDIA, Éric Charles, 17/09/15.

La moyenne d'âge des personnes âgées hébergées nous permet de prendre la mesure, par le biais de cette moyenne d'âge, de la véritable dépendance de ces personnes, et bien entendu des risques pathologiques ou des pathologies existantes qu'elles connaissent.

Nous pouvons constater aujourd'hui une évolution qui reste incontestablement orientée dans la même direction, qui est celle de l'augmentation considérable de l'âge moyen des personnes âgées hébergées en institution.

Un premier constat peut être établi.

Si la moyenne d'âge des personnes âgées hébergées dans les années 60 tournait autour de 65 ans, aujourd'hui, cette moyenne d'âge en institution dépasse les 87 années.

À lui seul, ce constat nous permet de mesurer deux évolutions particulièrement expressives :

- Le gain en espérance de vie au cours de ces trois décennies ;
- Le recul inévitable et conséquent de l'entrée en institution d'hébergement.

Un deuxième constat peut être fait.

Il confirme la première appréciation que nous avions apportée.

Le comparatif se fait sur une période un peu moins lointaine. Très succinctement, voici le deuxième constat que nous pouvons apporter :

Il s'agit de l'âge moyen d'entrée en établissement :

- Il y a 25 ans : 60 ans.
- En 2013, l'âge moyen d'entrée se situe aujourd'hui à l'âge de 85 ans.

Ces deux appréciations nous permettent de mesurer l'indéniable changement de population au sein de nos structures.

Il est important de relever que le point commun de ces éléments reste l'accueil de personnes âgées, c'est-à-dire personnes ayant plus de 60 ans ou plus de 65.

Il est important également de préciser que nous sommes dans la même approche, approche qui n'a jamais été modifiée dans sa profondeur, qui est celle de la recherche d'un hébergement pour les personnes ayant une vocation mais surtout une nécessité d'entrée en institution.

Cette évolution est parallèle à l'espérance de vie.

Il est également essentiel de mesurer que l'espérance de vie dans les années 60 n'a rien à voir avec celle des années 2015 ou 2020.

L'évolution que nous pouvons constater doit tenir compte de cette richesse qui est exprimée par l'espérance de vie beaucoup plus importante, mais par ce constat d'augmentation des effets du vieillissement qui sont de plus en plus conséquents, en termes de déficiences, mais aussi en termes de pathologies.

On peut noter également l'évolution du GMP moyen, qui a augmenté, passant de l'année 2010 à l'année 2012, de 670 à 690 points.

Mais il faut approcher en parallèle, le phénomène des violences institutionnelles sur le personnel.

Parmi les phénomènes particulièrement coûteux en investissement humain, et dont les répercussions négatives sur le personnel sont patentes, répercussions tant psychologiques que physiques, les violences à l'encontre de ce même personnel ne cessent de se développer dans nos institutions[40].

Les constats sont particulièrement consternants, et indiquent une évolution à la hausse de tous les types de violence.

On pourra relever que les EHPAD, groupés aux USLD se trouvent en quatrième position pour le nombre de violences verbales et en deuxième position pour les violences physiques[41].

Et parmi ces violences, nous constatons qu'à plus de 90 %, elles sont des atteintes aux personnes dans les structures ci-dessus mentionnées.

Les signalements pour atteintes aux personnes et aux biens dans les EHPAD et unité de soins de longue durée, ont fortement augmenté de près de 30 % entre l'année 2015 et l'année 2016, passant de 1556 signalements à 1981 signalements.

Ces constats doivent éclairer celles et ceux qui ont la responsabilité de la fin de vie de nos personnes hébergées en montrant la complexité de leur « prise en charge » que nous dénommerons plus aisément comme un accompagnement.

---

[40] Direction générale de l'offre de soins. Rapport 2017. Données 2015 et 2016. Observatoire national de violence en milieu de santé.
[41] *Idem*, page 25.

CHAPITRE 5

Les fortes exigences en matière de nutrition ne cessent de se renforcer

Les besoins nutritionnels des personnes âgées sont importants.

Les difficultés physiques ou psychologiques de ces mêmes personnes lors des repas peuvent conduire à des situations et à des gestions délicates.

Le besoin de bien s'alimenter fait partie des exigences que les établissements doivent respecter.

Il reste que les coûts attribués à ces dépenses sont particulièrement limités.

Si les chartes, les conseils, les recommandations, sur le sujet de la restauration et de l'alimentation ne cessent de se développer, les moyens mis à disposition restent limités.

Cette contradiction permet de mesurer le ressenti des établissements lorsqu'ils sont critiqués sur un secteur, la restauration, pour lequel et sur lequel ils ne cessent pourtant de progresser.

Nous pouvons commencer par une première approche réglementaire.

Les chartes se multiplient, les exigences nutritionnelles s'additionnent, les établissements réfléchissent à la meilleure manière de répondre à ces nouvelles expressions à la fois complexes, coûteuses, et dont les mises en pratique ne sont guère évidentes.

La qualité nutritionnelle qui doit être donnée aux personnes âgées apparaît très clairement dans un décret qui, malgré sa concision, aborde des obligations particulièrement contraignantes.

Art. D 230-29. « Afin d'atteindre l'objectif d'équilibre nutritionnel, des repas servis par les services de restauration des établissements sociaux et médico-sociaux, sont requis, conformément à l'article L. 230-5 :

– quatre ou cinq plats proposés à chaque déjeuner ou dîner ;

– le respect d'exigences en matière de taille des portions et de fréquence des repas ;

– l'adaptation des plats proposés aux goûts et habitudes alimentaires des résidents ;

– le respect d'exigences adaptées à l'âge ou au handicap des résidents ;

– la définition des règles adaptées pour le service de l'eau, du pain, du sel et des sauces ;

– le respect d'exigences minimales de variété des plats servis. »[42]

---

[42] Décret n° 2012-144 du 30 janvier 2012 relatif à la qualité nutritionnelle des repas servis dans le cadre des services de restauration des établissements sociaux et médico-sociaux.

Une charte a été rédigée, charte à la dimension très militante, fondée sur le mieux manger, mais également sur le moins jeter.

Des exigences sont émises par la charte dénommée : « mieux manger, moins jeter en EHPAD ».

Citons des phrases particulièrement expressives en termes d'exigences qualitatives et quantitatives.

Elle affiche immédiatement ces deux objectifs prioritaires :

- Le premier objectif est de mieux manger.
- Le deuxième objectif est de moins jeter en EHPAD.

Il s'agit là d'objectifs particulièrement ambitieux.

Au-delà de la simplicité des mots utilisés, et d'une apparence d'une recherche d'objectifs absolument accessibles, il y a des exigences exprimées sous forme d'orientation et de recommandations dont le niveau est particulièrement élevé.

Dès les premières lignes de cette charte, une véritable affirmation est indiquée.

La responsabilité sociétale et environnementale des EHPAD.

Pour le moins, nos établissements ne peuvent que se sentir fiers d'une pareille affirmation à leur endroit.

Mais la remarque est bien fondée.

La responsabilité est bien affirmée.

Et par là même, dès lors qu'une responsabilité est affirmée, la nécessité de trouver une réponse conforme au contenu de cette charte doit alors devenir une préoccupation majeure du fonctionnement institutionnel.

Heureusement, le troisième alinéa du bandeau de présentation de cette charte limite ou permet de limiter cette responsabilité en indiquant très clairement que :

« Les signataires de cette charte s'engagent à poursuivre les objectifs qu'elle retrace et à mettre en place un plan d'action associant qualité de l'alimentation et lutte contre le gaspillage alimentaire. »

Il y a bien nécessité de passer par une acceptation de cette charte, acceptation a priori volontaire, qui entraîne naturellement l'engagement et la responsabilité qui en découlerait.

Essayons d'abord de réfléchir sur le contenu de ce qui est défini comme étant : le mieux manger.

Cinq affirmations y sont contenues.

La première affirmation, la troisième affirmation, et la cinquième affirmation sont en général bien appliquées dans nos institutions.

Le plaisir du repas tend de plus en plus à s'affirmer au sein de nos institutions.

Des efforts sont également réalisés sur les troubles bucco-dentaires et les risques de dénutrition.

La mise en place de textures adaptées, ainsi que d'horaires de repas adaptés des éléments traditionnels de notre fonctionnement.

- La deuxième affirmation concernant le mieux manger doit être observée avec beaucoup de rigueur.

Il s'agit en apparence de développer le goût des aliments.

Mais la référence indique bien de privilégier les produits locaux, de saison.

Relevons immédiatement que cette demande a naturellement un coût.

Des produits locaux peuvent être perçus, très justement, comme pouvant être de meilleure qualité.

Incontestablement, et cela est tout à fait légitime, les produits locaux peuvent être d'un coût plus élevé que les produits livrés dans le cadre de groupements d'achats, par des grandes centrales alimentaires.

Là aussi, cette apparence de simplicité d'une affirmation oublie de mesurer les conséquences pratiques de l'application d'une pareille démarche.

Pour nos établissements, notamment du secteur public et du secteur associatif, dont les tarifications d'hébergement sont établies par une collectivité territoriale extérieure, sur des bases extrêmement contraintes, avec, pour les années qui nous concernent et les années récentes qui sont les nôtres, des impossibilités mêmes d'augmentation de cette tarification de l'hébergement, au regard de la crise des finances territoriales et des finances étatiques, cette démarche apparaît mal maîtrisée.

Quel établissement pourrait dire qu'il refuse de privilégier les produits locaux, ou, au moins l'achat de quelques produits locaux ?

Quel établissement pourrait dire qu'il n'a pas le souhait d'offrir des produits de qualité, même pour certains plats, et cela, au bénéfice de ses résidents ?

Cette deuxième affirmation relève d'une vision technocratique, voire idéologique, mais absolument pas pratique.

Plus précisément, de ce que l'on dénomme un vœu pieux.

Mieux encore, et notre propos n'est absolument pas critique à l'égard de cette modalité d'agriculture, l'affirmation indique la volonté de privilégier l'agriculture biologique.

Nous connaissons aujourd'hui le développement de ce type d'agriculture.

Notre propos n'est absolument pas de critiquer ou d'approuver ce type d'agriculture.

Notre propos est de relever le coût dont on peut dire, même avec une extrême prudence et délicatesse, qu'il apparaît légèrement supérieur au coût venant de l'agriculture traditionnelle.

Ainsi, produits locaux, agriculture biologique, produits de saison, ne peuvent que conduire naturellement à des surcoûts pour des établissements dont les dépenses alimentaires sont limitées à quelques euros par jour et par résident, hors des frais de salaire du personnel diplômé qui travaille au sein de la cuisine ou en périphérie de cette même cuisine, notamment dans le service de restauration et le management des denrées.

La quatrième affirmation parle de personnalisation des repas.

Disons-le tout de suite, les établissements s'adaptent de mieux en mieux aux demandes de leurs résidents.

Il reste que la référence ici est celle du projet personnalisé.

C'est-à-dire une fois de plus à une démarche extrêmement formalisée, qui en plus du projet de soins personnalisé, en plus du projet de vie personnalisé, porterait un regard plus important, plus prégnant, plus attentif, sur une forme de sous-projet personnalisé, orienté sur les questions de nutrition.

Comme nous l'avons déjà précisé, la personnalisation des projets reste une finalité.

Mais l'exagération de la demande, sur ce sujet du projet personnalisé, conduit naturellement à des exigences d'investissements en termes de coûts humains, que nos établissements ont du mal à assurer, alors que nous savons que les tarifications restent basses, ainsi que le montrent toutes les études sur le sujet.

Voici la charte dans son intégralité :

Les établissements d'hébergement pour personnes âgées dépendantes (EHPAD) ont, en tant qu'acteurs de la société civile et économique, une responsabilité sociétale et environnementale.

Par cette charte, les EHPAD contribuent au développement durable à travers la lutte contre le gaspillage alimentaire, couplé à la promotion permanente de la qualité de vie et la lutte contre la dénutrition des personnes accueillies.

Les signataires de cette charte s'engagent à poursuivre les objectifs qu'elle retrace et à mettre en place un plan d'action associant qualité de l'alimentation et lutte contre le gaspillage alimentaire.

Manger mieux c'est :

▫ Favoriser le plaisir du repas (présentation de la table, choix de place pour les résidents, convivialité, variété des repas et organisation d'événements thématiques, rencontre avec les producteurs locaux) ;

▫ Développer le goût des aliments (privilégier les produits locaux, de saison et l'agriculture biologique, privilégier l'enrichissement naturel) ;

▫ Systématiser le dépistage des troubles bucco-dentaires et des risques de dénutrition ;

▫ Personnaliser les repas en fonction des besoins et des choix de chaque résident : projet personnalisé défini en lien avec l'équipe médicale et soignante ;

▫ Adapter les repas à la particularité des résidents accueillis (horaires, textures adaptées, variété, couleurs contrastées) et évaluer régulièrement la pertinence des régimes spécifiques.

Moins jeter c'est :

▫ Adapter et gérer les quantités ;

▫ Commander la juste quantité ;

▫ Cuisiner la juste quantité : servir au plus près des besoins personnalisés, des choix et des capacités d'alimentation de chaque résident, dans le respect des recommandations du Groupe d'Étude des Marchés de Restauration Collective et Nutrition (GEM-RCN), ministère de l'Économie, de l'Industrie et du Numérique) ;

▫ Optimiser la gestion des stocks ;

▫ Revaloriser au maximum ;

◻ Favoriser le don (dans le cadre d'une cuisine centrale et/ou d'une liaison froide) ;

◻ Composter ou méthaniser ses biodéchets.

Informer, former et évaluer c'est :

◻ Informer, sensibiliser et associer les résidents et les familles à cette démarche : à l'entrée en établissement, et au sein des instances de démocratie internes (Conseil de la Vie Sociale, commission des menus) notamment ;

◻ Former l'ensemble du personnel, soignant, médical, hôtelier, de cuisine à la démarche et aux impacts sur ses pratiques ;

◻ Goûts des personnes âgées, nouvelles techniques de cuisson, nouvelles recettes, nouvelles présentations.

Formation hôtelière pour le service et la présentation de l'assiette, achats responsables et choix des labels, dépistage et suivi nutritionnels des résidents, horaires adaptés des repas, etc.

◻ Évaluer les impacts

– Sur la satisfaction des résidents et du personnel ;

– Sur la santé des résidents ;

– Sur l'évolution de la quantité de biodéchets ;

– Sur le plan économique (évolution des dépenses).

Plus encore, une nouvelle charte nationale affiche là aussi une volonté militante d'une alimentation responsable et durable.

Une autre charte a été développée, une charte nationale pour une alimentation responsable et durable dans les établissements médico-sociaux.

Il s'agit de la charte nationale pour une alimentation responsable et durable dans les établissements médico-sociaux.

La voici dans son intégralité.

« Améliorer l'alimentation dans les établissements médico-sociaux pour personnes âgées et handicapées doit s'inscrire au cœur des réflexions des acteurs concernés afin de promouvoir la santé et le bien-être des personnes.

En signant cette charte, les établissements s'engagent dans une démarche de responsabilité sociétale et contribuent au développement durable à travers la mise en œuvre d'actions visant les différents enjeux de l'alimentation, qui sont au cœur des priorités du Programme National pour l'Alimentation. (PNA) et du Programme National Nutrition Santé (PNNS).

Les établissements signataires de cette charte s'engagent à poursuivre ces objectifs en considérant le repas dans toute sa globalité, de l'approvisionnement à la lutte contre le gaspillage alimentaire, des impératifs nutritionnels aux préférences personnelles et à la recherche de convivialité, tout en garantissant la sécurité alimentaire des personnes accueillies.

Bien manger c'est : Adapter les repas aux besoins et aux profils de chaque personne (goût, variété, régimes spécifiques, textures adaptées, enrichissement) notamment pour lutter contre la dénutrition ;

• Systématiser le dépistage des troubles bucco-dentaires, troubles de la déglutition, des risques de dénutrition et évaluer régulièrement le suivi des régimes spécifiques des personnes ;

• Privilégier un environnement favorisant le plaisir et le bon déroulement du repas (accompagnement par un personnel sensibilisé, horaires adaptés, variété des repas, présentation de la table et de l'assiette, information et communication sur les menus, les produits et les savoir-faire, choix de la place des personnes à table, convivialité, événements thématiques).

Bien s'approvisionner c'est :

• Privilégier les produits de qualité et de proximité (« du producteur à l'assiette »), frais, de saison, sous signes de qualité officiels (SIQO), dont les produits issus de l'agriculture biologique ;

• Favoriser les modes d'approvisionnement en circuits courts limitant l'empreinte carbone et respectueux de l'environnement ;

• Utiliser les plateformes d'approvisionnement collectives, ainsi que la boîte à outils LOCALIM disponibles sur le site internet du ministère de l'Agriculture, de l'Agroalimentaire et de la Forêt ;

• Identifier en interne les produits à risques pour les personnes sensibles et engager un dialogue avec les fournisseurs.

Moins gaspiller c'est :

• Optimiser les commandes, la production et la gestion des stocks ;

• Cuisiner et servir la juste quantité en fonction des besoins des personnes ;

• Favoriser la redistribution des surplus alimentaires lorsqu'elle est possible (dons de produits aux associations caritatives ou structures d'insertion par l'activité économique) ;

• Favoriser les circuits de revalorisation des déchets (composter ou méthaniser les biodéchets).

Mettre en œuvre cette charte au quotidien c'est :

• Inscrire ces engagements dans le projet d'établissement ;

• Informer, sensibiliser et impliquer l'ensemble des partenaires à la démarche (personnes, familles, professionnels, fournisseurs, financeurs) par le biais notamment des instances de participation (Conseil de la Vie sociale, commission des menus).

• Accompagner et former le personnel directement concerné dans l'évolution de leurs pratiques ;

• Établir un plan d'action par établissement et en évaluer les impacts (sur la satisfaction des personnes et des professionnels, sur la santé et le bien-être des personnes, sur l'évolution de la quantité de biodéchets, sur le plan économique) ;

• S'inscrire dans le cadre global d'une démarche de responsabilité sociétale. »

Ces nombreuses exigences se multiplient et des contrôles complémentaires se développent, exigences et contrôles dont l'excès est largement critiqué par les professionnels :

« Plusieurs chefs de cuisine rencontrés, pour la majorité des salariés de sociétés spécialisées, ont indiqué ressentir une pression issue des contrôles très fréquents réalisés en cuisine, allant parfois au-delà de la norme du fait de directions et/ou de prestataires tenants du "risque zéro". La tentation peut alors être de passer à l'industriel pour déporter le risque sur d'autres et/ou de réaliser des traçabilités abusives ("On coche avant pour être sûr de ne pas oublier" – un chef de cuisine, EHPAD).

Certaines normes sont jugées redondantes ou excessives (par exemple : prises de température multiples, nettoyage à l'eau de Javel des légumes avant cuisson, affichage des allergènes alors qu'en EHPAD les allergies sont connues, conservation des bidons d'huile pendant cinq ans, conservation de plats témoins pour toutes les textures…).

Au total, le temps passé à la traçabilité est estimé à 20 % (ou une heure par jour), au détriment de la qualité s'il n'y a pas de temps dédié – ce qui dépend des contrats. »[43]

Les coûts de restauration sont limités.

Les avancées des EHPAD en matière nutritionnelle sont pourtant importantes.

Les contrôles nutritionnels ainsi que le suivi du poids des personnes âgées tout au long de leur séjour confortent les préoccupations qualitatives des institutions sans cesse mobilisées sur ces terrains d'expertise que sont des repères en matière nutritionnelle.

Les exigences, sur ce sujet, gagneraient à être enfin maîtrisées.

---

[43] CNSA – Commission Normes et Moyens, Normes et Moyens en EHPAD. Questionnaire et visites sur site : ce qu'en disent les professionnels, Rapport – Présentation des résultats, septembre 2015, page 47.

CHAPITRE 6

Une première synthèse de la typologie des contraintes

Les domaines de développement de ces contraintes sont nombreux et nous pouvons, sans exhaustivité, les exprimer, en rappelant que les EHPAD restent des lieux d'hébergement classique, proposant des prix somme toute dérisoires au regard des prestations hôtelières et de restauration proposées, et ne disposant que de dotations encore bien modestes en matière de soins, dotation de soins reprise sur l'activité libérale traditionnelle dont bénéficiait chaque résident à domicile, et ne disposant que d'une dotation bien modeste elle aussi, et aujourd'hui particulièrement contestée dans la France entière, en matière d'accompagnement à la prévention de la dépendance, dotation émanant de l'allocation personnalisée d'autonomie appliquée en établissement.

Une ébauche de liste d'exigences, de contraintes en tout genre peut être exprimée.

Là aussi sans exhaustivité :

- Contractualisation fortement formalisée, incluant une procédure et une maîtrise budgétaire de plus en plus stricte ;

- Documentations institutionnelles bien trop précises et actualisées de manière régulière ;
- Expression de la démocratie interne clairement et fermement organisée, à destination des résidents et de leurs familles ;
- Expression de la démocratie interne clairement et fermement organisée, à destination du personnel ;
- Information des résidents sur l'existence et le recours possible aux personnes qualifiées ;
- Mise en place possible de médiateurs internes, de nature administrative ou médicale et paramédicale ;
- Mise en place d'une démarche qualité active, dont les contenus touchent à de nombreux domaines particulièrement sensibles, comme le domaine de la santé ;
- Réalisation d'évaluations internes et externes, dont les contenus mobilisent les équipes professionnelles des EHPAD pendant de longues semaines, parfois de longs mois ;
- Mise en place de plans pluriannuels : de formations professionnelles, d'investissements ;
- Accessibilité nécessairement mise en place ;
- Décloisonnement institutionnel par l'adhésion à un réseau gérontologique et conventionnement avec des structures sanitaires ou médico-sociales complémentaires ;
- Développement de la maîtrise des dépenses de santé au sein d'un EHPAD ;
- Sécurisation en matière médicale et pharmaceutique ;
- Prévention des infections associées aux soins dans le secteur médico-social ;

- Sécurisation physique de la personne âgée, à travers, notamment, l'obligation d'un véritable programme d'action contre les violences et maltraitances à leur égard ;
- Sécurisation en termes de risque d'incendie, de légionelles, d'amiante ;
- Obligation spécifique en matière de radon et d'amiante ;
- Mise en place d'animations avec des typologies variées – animations de loisirs, animations spécifiques pour personnes âgées atteintes de la maladie d'Alzheimer, animations thérapeutiques ;
- Évolution nutritionnelle en termes de qualité de produits et d'adaptation techniques des besoins ;
- Restauration respectant la norme HACCP ;
- Prévention des chutes, chutes dont les conséquences peuvent être mortelles ;
- Obligation d'un rapport médical annuel explicitant l'essentiel des typologies des pathologies des résidents et la dynamique améliorative en termes médicaux ;
- Prévention et gestion des impacts sanitaires et sociaux liés aux vagues de froid ;
- Prévention et gestion des situations de canicule ;
- Prévention des fugues, fugues qui deviennent de plus en plus nombreuses en institution ;
- Accompagnement en fin de vie ;
- Développement de projets novateurs ;
- Prise en considération de la présence des familles et développement d'un véritable processus de leur inclusion dans la vie institutionnelle ;
- Mise en place d'unités spécifiques comme les unités adaptées aux personnes atteintes de la maladie d'Alzheimer ou les pôles d'activité et de

soins adaptés, unités spécifiques dont les cahiers des charges pour leur réalisation s'avèrent particulièrement contraignants.

Au regard de toutes ces exigences sans cesse renouvelées, de ces contraintes sans cesse augmentées, les efforts réalisés par les établissements sont considérables.

Depuis des années, il y a une véritable mesure de certaines exigences, ainsi que l'exprime un ancien rapport.

En voici un exemple, celui de la folle envolée des investissements pour les mises en sécurité.

Voici ce que nous apporte comme précision un rapport de 2006 :

« Les investissements à réaliser en matière de mise aux normes de sécurité sont très lourds : ils peuvent atteindre plusieurs millions d'euros, même pour des bâtiments en bon état de trente ou vingt ans d'âge.

Par exemple, la mise aux normes de sécurité incendie a été chiffrée à 9 000 euros par lit dans la circulaire d'avril 2001 de la Direction de l'administration générale, du personnel et du budget (DGAPB) du ministère de la Santé. Elle a été estimée à 500 000 euros par foyer-logement par le CCAS de Besançon.

Une mesure d'urgence a cependant été prise dans le cadre de la loi n° 2005-1579 du 19 décembre 2005 de financement de la sécurité sociale pour 2006. En effet, le paragraphe III de l'article 51 de la loi précitée permet d'affecter les crédits non consommés de la Caisse nationale de solidarité pour l'autonomie à des opérations d'investissement et d'équipement destinées à la mise aux normes techniques et de sécurité et à la modernisation des locaux des établissements entrant dans le champ des objectifs de l'ONDAM médico-social géré par la CNSA.

Les crédits non consommés de la CNSA s'élevaient à environ 500 millions d'euros à la fin de l'année 2005. Selon la règle de partage habituelle, 350 millions d'euros seront affectés aux dépenses relatives aux personnes âgées dépendantes et 150 millions d'euros à celles relatives aux personnes handicapées. Pour 2006, dernière année où structurellement des crédits pourraient ne pas être consommés, la CNSA prévoit de dégager 188 millions d'euros d'excédent. Ces crédits ne sont pas destinés à financer l'intégralité des dépenses de mise aux normes de sécurité, qui restent du ressort des établissements, mais à servir de levier pour dégager des fonds suffisants permettant à ces établissements de réaliser les investissements nécessaires.

Toutefois, les dépenses ainsi financées n'auront qu'un caractère strictement ponctuel, et pour éviter que ces travaux de sécurité pèsent sur le prix de journée, un soutien financier public est indispensable. Celui-ci pourrait prendre la forme, soit d'un fonds de modernisation, soit d'une baisse des impositions fiscales ou des charges sociales, ou encore de prêts à taux zéro.

Il serait également indispensable de revoir les textes sur la sécurité incendie dont les contraintes sont hors de proportion avec les risques encourus. En outre, de nombreux établissements observent que les exigences des commissions de sécurité dépassent de plus en plus souvent la lettre des textes »[44].

---

[44] Assemblée nationale, Constitution du 4 octobre 1958, douzième législature, enregistrée à la Présidence de l'Assemblée nationale le 17 mai 2006, rapport d'information, déposé en application de l'article 145 du Règlement, par la commission des affaires culturelles, familiales

Au travers de l'ensemble de ces exigences, de ces obligations, de ces demandes permanentes aggravées par des nécessités d'actualisation, un autre constat peut être exprimé, débouchant de toute cette multiplicité de démarche positive, c'est celui d'une progression qualitative remarquable des EHPAD.

« Que l'on parle de conception architecturale, de qualité des soins, de formation et de compétence du personnel ou de qualité de l'hébergement et de la restauration, le bond qualitatif des maisons de retraite depuis 20 ans a été considérable. »[45]

---

et sociales, en conclusion des travaux de la mission d'évaluation et de contrôle des lois de financement de la sécurité sociale sur : « Le financement des établissements d'hébergement des personnes âgées » et présenté par Mme Paulette GUINCHARD, députée, page 41.

[45] « L'adaptation de la société au vieillissement de sa population : FRANCE : ANNÉE ZÉRO ! » Luc BROUSSY, conseiller général du Val-d'Oise, maire adjoint de Goussainville, directeur du *Mensuel des Maisons de Retraite*, janvier 2013, page 15.

CHAPITRE 7

Maltraitance : excès de violences et excès textuels

Le sujet de la maltraitance apparaît comme révélateur de cet excès de textes, de normes, d'obligations, de contrôles, de recommandations, et de tout autre outil utilisé traditionnellement pour essayer de maîtriser une problématique dont on sait qu'elle peut l'être sous une forme simplifiée.

Au-delà de tout cheminement intellectuel qui peut permettre effectivement une meilleure compréhension du phénomène de la maltraitance institutionnelle, des mesures immédiates et simples peuvent apporter des réponses de qualité.

Exprimons-nous, de manière synthétique, en indiquant que l'imposition de formations professionnelles adaptées sur le sujet de la maltraitance, de la bientraitance, de « l'humanitude », des « droits et libertés des personnes âgées hébergées », des méthodes valorisantes comme celle de « MONTESSORI » adaptée aux personnes âgées, doublée d'un numéro d'appel national et/ou régional, auquel on rajoute un zeste de signalements obligatoires, comme cela a été fait, ce mélange ou cette addition de ces trois possibilités aurait dû permettre aisément une réduction forte des maltraitances institutionnelles.

Et nous allons le voir, l'institution est loin d'être majoritairement maltraitante.

Mais en quel lieu la maltraitance était-elle la plus forte ?

Le premier constat reste que la maltraitance, violence inadmissible en toutes circonstances et en tous lieux où elle s'exprime, reste essentiellement une violence réalisée à domicile, au domicile des personnes âgées :

« En 2015, la fédération a ainsi reçu plus de 33 000 appels téléphoniques. Et d'ajouter que l'analyse des entretiens permet de mieux identifier le phénomène. Elle constate dans son recueil de données que 77 % des cas de maltraitance ont ainsi lieu à domicile. »[46]

L'insertion du concept de « bientraitance » et plus généralement des « droits et libertés des personnes accueillies » dans le cursus des études des soignants ainsi que le développement des formations professionnelles sur le sujet participent très favorablement à la très forte diminution des violences en institutions.

Nous pouvons mettre en avant quelques préalables pour l'étude de ce chapitre sur les excès relatifs à l'approche concernant la grande question de la maltraitance.

Nous allons examiner tous les développements quantitatifs réalisés en termes d'action contre la maltraitance dans les EHPAD.

Nous verrons également des formes de violence peu connues, ou du moins peu diffusées, qui sont celles que subissent les professionnels de nos institutions.

---

[46] « Onzième journée mondiale de sensibilisation à la maltraitance des personnes âgées », publié le 14/06/16 – 18 h 17 – HOSPIMEDIA.

Essayons toutefois, sur ce sujet, dans le cadre de ce paragraphe, d'exprimer une première synthèse permettant aux uns et aux autres de mesurer la réalité de la situation que nous souhaiterions décrire :

Alors que, dans la société française, les violences continuent d'augmenter, violences de toute nature, l'action contre la maltraitance dans les institutions a largement porté ses fruits, et nous constatons, au contraire de la société dans laquelle nous vivons, une diminution des violences à l'égard des personnes âgées hébergées. Mais cette synthèse, ce résumé ne serait pas convenable si nous n'indiquions pas qu'il y a toutefois une augmentation des violences à destination du personnel des EHPAD.

Alors la question se pose : sur le thème des libertés, faut-il encore aller plus loin ?

Ne sommes-nous pas dans une volonté de cacher la réalité des graves problèmes que nous connaissons, par l'invocation consensuelle du développement de libertés dont la personne très âgée se sent souvent démunie par le fait même de sa condition mentale, psychique ou physique, et non pas par les souffrances infligées par du personnel, des familles ou des bénévoles qui leur sont presque unanimement dévoués ?

Voici notre position sur le sujet :

Indiquer que la maltraitance des personnes âgées est un phénomène discret en France mais présent, c'est omettre incontestablement deux décennies de réflexion et d'action dans le cadre de la lutte contre ce phénomène inacceptable.

De la même façon, indiquer que les contrôles institutionnels restent insuffisants, c'est oublier l'ensemble du processus de contrôle et d'évaluation des établissements d'hébergement.

Nous pouvons ainsi résumer la situation sur le sujet de la maltraitance :

- Existence d'un numéro national, de nature ministérielle ;
- Existence d'un numéro national, lié à des associations ;
- Existence d'un numéro départemental, dans certains départements ;
- Droit de contrôle des autorités officielles, Conseil départemental ou Agence régionale de santé ;
- Présence de plus en plus importante des familles au sein des institutions ;
- Mise en place de formations professionnelles sur le thème de la lutte contre la maltraitance, de l'action pour la bientraitance, de « l'humanitude », des droits et des libertés des usagers des établissements d'hébergement. Certaines méthodes comme celle de Madame Maria Montessori, dans sa dimension adaptée aux personnes âgées facilitent également la bientraitance ;
- Évaluation interne obligatoire et régulière, à l'intérieur de laquelle les droits des usagers sont toujours appréhendés ;
- Évaluation externe obligatoire, évaluation qui inclut parfaitement les actions de lutte contre la maltraitance et la mise en place de projets de bientraitance.

Bref, et sans vouloir être exhaustif, on ne peut que constater l'importance du travail effectué au sein des institutions pour faire diminuer d'une manière forte, tout phénomène de maltraitance.

Pourtant, le constat reste et demeure que l'État multiplie parfois exagérément les contraintes textuelles.

Tentons, sans exhaustivité, d'étayer notre propos.

Citons ainsi et par exemple :

- Les douze articles de la « charte des droits et libertés de la personne accueillie ».
- La recommandation de bonnes pratiques professionnelles de l'ANESM s'intitule : « La bientraitance : définition et repères. »

Indiquons que cette recommandation compte 51 pages.

Le rapport sur l'évaluation du dispositif de lutte contre la maltraitance des personnes âgées et des personnes handicapées mis en œuvre par le service de l'État dans les établissements sociaux et médico-sociaux. Rapport de synthèse présenté par Mmes Françoise BAS-THÉRON et Christine BRANCHU, membres de l'Inspection générale des affaires sociales, mars 2006.

Ce rapport comprend près de 100 pages.

- Le document : « Bientraitance des personnes âgées accueillies en EHPAD », Questionnaire EHPAD 2015, de l'ANESM.
- La charte des droits du mourant (Conseil de l'Europe, 1976).
- La charte des droits et libertés de la personne âgée en situation de handicap ou de dépendance, de la fondation nationale de gérontologie.

Elle comprend 14 articles.

- Le guide des droits des usagers du système de santé.

- On peut se rappeler du guide du Comité national de vigilance contre la maltraitance des personnes âgées, guide intitulé : « Gestion des risques de maltraitance en établissement : méthode, repères, outils ».

Ce document comprenait 18 pages.

- L'instruction ministérielle DGAS/2A/2007 /112 du 22 mars 2007 relative au développement de la bientraitance et au renforcement de la politique de lutte contre la maltraitance.

L'instruction comprend 33 pages.

- La circulaire DGAS/2A n° 2008-316 du 15 octobre 2008 relative au renforcement des missions d'inspection et de contrôle au titre de la lutte contre la maltraitance des personnes âgées et des personnes handicapées.

Elle comprend près de 30 pages.

- L'instruction n° DGS/CORRUSS/2012/432 du 21 décembre 2012 relative au signalement par les ARS d'événements sanitaires au niveau national dans le cadre du déploiement du système d'information sanitaire des alertes et crises dénommé SISAC.

Elle comprend 20 pages.

- La circulaire n° DGCS/SD2A/2014/58 du 20 février 2014 relative au renforcement de la lutte contre la maltraitance et au développement de la bientraitance des personnes âgées et des personnes handicapées dans les établissements et services médico-sociaux relevant de la compétence des ARS.

Elle comprend plus de 30 pages.

- L'instruction n° DGCS/2A/2015/60 du 3 mars 2015 relative au questionnaire d'auto-évaluation des pratiques de bientraitance dans les établissements accueillant des personnes âgées (EHPAD) – organisation de la campagne, 2015.

Elle comprend 7 pages.

- Le guide diffusé par la HAS et la FORAP proposant, outre une définition, une démarche de déploiement d'une politique de bientraitance en positionnant la commission des relations avec les usagers et de la qualité de la prise en charge (CRUQPC) et le Conseil de la Vie Sociale (CVS) comme point de départ.

- Le DVD réalisé à l'initiative de la Direction générale de la santé, mis en œuvre par la Société française de gériatrie et de gérontologie, dont le titre était : « Bientraitance, personnes âgées dépendantes, promotion de l'amélioration des pratiques », accompagné d'un guide de l'animateur.

Récemment a été rappelée l'obligation de signalement de nombreuses situations négatives y compris les actes de maltraitance.

Il y a « obligation faite aux établissements et services sociaux et médico-sociaux de signaler tout dysfonctionnement grave ou événement ayant pour effet de menacer ou de compromettre la santé, la sécurité ou le bien-être des personnes prises en charge »[47].

La naissance d'un concept de « violence institutionnelle » vient encore plus compliquer l'action des EHPAD en sachant que toute la démarche qualité développée depuis 1999 a conduit à faire reculer les possibles « dérives » ou « déviances » qui avaient pu exister dans le passé[48].

Notre analyse peut et devrait tenir compte de certaines affirmations mentionnant la qualité du respect de cette action contre les maltraitances et favorable au développement du concept de bientraitance en EHPAD.

L'abondance des textes, conjuguée à l'abondance des réflexions générales sur le sujet, mais également des différents rapports officiels, couplée aux recherches des acteurs et des chercheurs en gérontologie n'empêchent pas certains constats particulièrement éloquents.

Dans l'ensemble, les EHPAD sont respectueux de l'application des exigences dans l'action contre les maltraitances.

Voici une citation très claire sur le sujet :

---

[47] Décret n° 2016-1813 du 21 décembre 2016 relatif à l'obligation de signalement des structures sociales et médico-sociales.
[48] Gérard BRAMI : *Regard et lecture juridiques sur la maltraitance institutionnelle*, participation à l'ouvrage collectif : Mélanges en l'honneur du professeur Jean-Marie CLÉMENT, éditions LEH, Bordeaux, 2014.

« Plus précisément, dans le cadre du questionnaire en ligne, on observe que certaines thématiques se distinguent par leur niveau particulièrement élevé d'application des obligations questionnées (application totale supérieure à la moyenne située à 77,8 %). Il s'agit en particulier :

– Des normes entourant la procédure budgétaire ;

– Des normes d'hygiène et de sécurité en général : légionelle, DASRI, sécurité incendie, HACCP ;

– Des affichages réellement obligatoires relatifs aux droits des usagers ;

– Des obligations en matière d'évaluation des pratiques et de bientraitance.

Ces obligations sont rarement écartées, ce que les visites sur site ont contribué à confirmer. En particulier, les normes d'hygiène et de sécurité sont spécifiques : elles sont techniques et précises, faisant l'objet de contrôles très réguliers, à l'inverse d'autres normes relatives à l'accompagnement des résidents, dont l'application laisse une plus grande part à l'interprétation. »[49]

Le besoin d'évocation des violences à l'égard du personnel des EHPAD doit aussi être relevé.

L'action contre la maltraitance des personnes âgées hébergées constitue un pilier des fonctionnements institutionnels.

Elle est naturellement prioritaire.

---

[49] CNSA – Commission Normes et Moyens, Normes et Moyens en EHPAD. Questionnaire et visites sur site : ce qu'en disent les professionnels, Rapport – Présentation des résultats, septembre 2015, page 21.

Elle constitue une violence inacceptable à l'égard de personnes pour la plupart vulnérables.

Elle a mobilisé et continue de sensibiliser tous les établissements du secteur médico-social. Et tout naturellement les établissements d'hébergement pour personnes âgées dépendantes.

Nous avons pu mesurer les textes de toute nature qui combattent ces phénomènes tragiques de maltraitances individuelles ou institutionnelles.

Peu connues, peu enclines à un développement textuel important, probablement moins attractives au plan de la communication et de la médiatisation, les violences que subit le personnel des institutions médico-sociales sont pourtant réelles et la tendance est à leur augmentation.

Voici quelques indications particulièrement précieuses sur un questionnement qui touche également à des violences institutionnelles.

Il s'agit des violences à l'égard des salariés du milieu de la santé ou des milieux médico-sociaux.

Récemment, un rapport particulièrement intéressant nous permet de relever les indications suivantes.

Cela concerne les violences en EHPAD et en USLD.

Voici ce qui est précisé en page 11 :

- Les établissements purement médico-sociaux déclarent très peu de signalements à l'ONVS. Pourtant, les quelques partenariats développés et visites techniques effectuées montrent que les violences sont autant présentes que dans les autres structures. Les violences semblent davantage du domaine des violences commises en raison d'une pathologie[50].

On retrouve davantage de faits commis en raison d'une pathologie dans les secteurs de la psychiatrie (schizophrénie) et de la gériatrie (Alzheimer).

Nous pouvons mettre en avant un certain nombre de données particulièrement éclairantes sur le nouveau visage de ces violences à destination du personnel lui-même :

- On retiendra que les USLD/EHPAD sont en 4e position pour le nombre de violences verbales, et en 2e position pour les violences physiques. Les professionnels font état d'une tendance à l'augmentation de la violence chez les personnes âgées[51].
- « Les unités de soins de longue durée (USLD) et les établissements d'hébergement pour personnes âgées dépendantes (EHPAD) font remonter un nombre de signalements importants (1 556 en 2015 et 1 981 en 2016)[52].
- Pour l'année 2015, 21 % des événements de violences provenaient de la psychiatrie, 10 % venaient des EHPAD et des unités de soins de longue durée ;
- Pour l'année 2016, 20 % des événements venaient de la psychiatrie et 11 % des EHPAD et des unités de soins de longue durée »[53].

---

[50] Direction générale de l'offre de soins. Rapport 2017. Données 2015 et 2016. Observatoire national de violence en milieu de santé. 2016, page 11.
[51] *Idem*, page 25.
[52] *Idem*, page 40.
[53] *Idem*, page 13.

Le phénomène décrit par cet observatoire national devient constant ces dernières années.

Le regard que nous devrions porter peut ainsi s'exprimer :
- La conviction qui anime l'ensemble des dirigeants et des responsables des établissements d'hébergement pour personnes âgées dépendantes est bien celle de la priorité absolue à donner à l'action contre la maltraitance, généralement, contre toutes les formes de violences contre des personnes âgées, vulnérables, fragiles.
- Le constat que nous pouvons établir trouve son fondement dans la multiplication des actions favorables au développement des droits et libertés des personnes âgées hébergées, favorisant ainsi la réduction des phénomènes de maltraitance.
- La richesse institutionnelle s'exprime, de plus en plus, par une collaboration entre les établissements, les autorités de tarification, les représentations des familles mais également des résidents au sein de l'institution, voire à l'extérieur de celle-ci, et la volonté médiatique d'exprimer les cas litigieux, tout en reconnaissant d'une manière générale les difficultés en termes d'effectifs du personnel au sein de ces mêmes institutions.
- L'analyse institutionnelle ne peut manquer de relever l'importance de l'augmentation du niveau de dépendance des personnes âgées hébergées, de leurs pathologies, de leur vulnérabilité, montrant ainsi l'accentuation du contenu du travail professionnel, que ce soit le

travail des services administratifs, hôteliers ou soignants.
- Le reflet de la société sur tous ces phénomènes demeure toutefois impertinent, mettant en avant la forme de maltraitance, bien entendu inacceptable, à l'égard des résidents, mais ne mettant pas assez en exergue les souffrances permanentes, exprimées souvent par des violences, dont cet observatoire national n'en est qu'un petit reflet car beaucoup d'établissements ne déclarent pas ces types de violences, laissant ainsi dans une situation de déséquilibre ce qui aurait dû être examiné en parallèle et que nous pouvons ainsi exprimer : il y a incontestablement diminution de maltraitance à l'égard des personnes âgées, mais il y a également indéniablement une augmentation des violences à l'égard du personnel des établissements d'hébergement.

L'équilibre de l'analyse aurait favorisé fortement la motivation du personnel, permettant de montrer que le regard n'était pas unilatéral mais, au contraire, global.

À travers la maltraitance, nous avons, ici, un exemple extrêmement intéressant et précis qui pourrait permettre d'être l'occasion d'une action de simplification, favorisant les établissements à mettre en place, et nous l'avons déjà annoncé dans ce chapitre, trois mesures obligatoires, dont les résultats devraient conduire à une nouvelle baisse des actes de maltraitance.

Rien n'empêche, bien entendu, les analyses, les guides des recommandations particulièrement détaillées, l'expression de pratiques européennes ou internationales permettant les comparaisons des articles de toute nature, voire des ouvrages qui permettent d'améliorer encore les propositions initiales que nous avons évoquées.

La simplification est toujours possible quand la volonté y est.

CHAPITRE 8

La démarche qualité au cœur du progrès et de la complexification des situations d'accompagnement de la personne très âgée

C'est la loi n° 2002-2 du 2 janvier 2002 rénovant l'action sociale et médico-sociale qui a introduit dans le code de l'action sociale et des familles le principe de l'obligation de procéder à des évaluations internes et à celles externes.

À la base de cette réflexion se trouve un article important du code de l'action sociale et des familles, en l'occurrence l'article L. 116-1, ainsi rédigé :

« L'action sociale et médico-sociale tend à promouvoir, dans un cadre interministériel, l'autonomie et la protection des personnes, la cohésion sociale, l'exercice de la citoyenneté, à prévenir les exclusions et à en corriger les effets. Elle repose sur une évaluation continue des besoins et des attentes des membres de tous les groupes sociaux, en particulier des personnes handicapées et des personnes âgées, des personnes et des familles vulnérables, en situation de précarité ou de pauvreté, et sur la mise à leur disposition de prestations en espèces ou en nature. Elle est mise en œuvre par l'État, les collectivités territoriales et leurs établissements publics, les organismes de sécurité sociale, les associations ainsi que par les institutions sociales et médico-sociales au sens de l'article L. 311-1. »

L'affirmation du besoin des évaluations au sein des EHPAD est affirmée dans un nouvel article.

Nous la trouvons dans cet article bien précis :

Article L. 312-8

- Modifié par Loi n° 2017-1836 du 30 décembre 2017 – art. 72 (V)

Les établissements et services mentionnés à l'article L. 312-1 procèdent à des évaluations de leurs activités et de la qualité des prestations qu'ils délivrent, au regard notamment de procédures, de références et de recommandations de bonnes pratiques professionnelles validées ou, en cas de carence, élaborées selon les catégories d'établissements ou de services, par la Haute Autorité de santé mentionnée à l'article L. 161-37 du code de la sécurité sociale. Les résultats des évaluations sont communiqués à l'autorité ayant délivré l'autorisation. Les établissements et services rendent compte de la démarche d'évaluation interne engagée. Le rythme des évaluations et les modalités de restitution de la démarche d'évaluation sont fixés par décret.

Les établissements et services font procéder à l'évaluation de leurs activités et de la qualité des prestations qu'ils délivrent, par un organisme extérieur. Les organismes habilités à y procéder doivent respecter un cahier des charges fixé par décret. La liste de ces organismes est établie par la Haute Autorité de santé. Les résultats de cette évaluation sont également communiqués à l'autorité ayant délivré l'autorisation.

Les établissements et services mentionnés à l'article L. 312-1 sont tenus de procéder à deux évaluations externes entre la date de l'autorisation et le renouvellement de celle-ci. Le calendrier de ces évaluations est fixé par décret...

Un organisme ne peut procéder à des évaluations que pour les catégories d'établissements et de services pour lesquels les procédures, références et recommandations de bonnes pratiques professionnelles ont été validées ou élaborées par la Haute Autorité de santé.

Les précisions sur le contenu de l'évaluation externe permettent de mesurer la précision de cette démarche.

En ce sens-là, nous pouvons citer un large extrait des précisions apportées par le code de l'action sociale et des familles, et nous nous permettrons de souligner un certain nombre de notions développées dans cette annexe :

Annexe 3-10

- Modifié par Décret n° 2018-467 du 11 juin 2018 – art. 3

CONTENU DU CAHIER DES CHARGES POUR LA RÉALISATION DES ÉVALUATIONS EXTERNES

Préambule

La présente annexe énonce les principes et le cadre de l'évaluation externe prévue au deuxième alinéa de l'article L. 312-8, en fixe les modalités de réalisation et les obligations qui en découlent pour l'organisme habilité et pour la personne physique ou la personne morale de droit public ou de droit privé gestionnaire de l'établissement ou du service social ou médico-social. Elle identifie un certain nombre de thématiques sur lesquelles l'évaluation devra porter. Les dispositions du présent cahier des charges applicables aux organismes habilités le sont aussi aux prestataires qui relèvent de l'article D. 312-197 et qui sont dûment inscrites sur la liste mentionnée à l'article D. 312-201.

CHAPITRE Ier

Principes généraux

SECTION 1

Fondements de l'évaluation

1.1. L'évaluation doit viser à la production de connaissance et d'analyse. Cette évaluation doit permettre de porter une appréciation qui l'inscrit dans une logique d'intervention et d'aide à la décision. Elle a pour but de mieux connaître et comprendre les processus, d'apprécier les impacts produits au regard des objectifs tels que précisés ci-après, en référence aux finalités prioritairement définies pour l'action publique.

1.2. L'évaluation est distincte du contrôle des normes en vigueur. Elle se distingue également de la certification. L'évaluation telle que prévue à la présente annexe tient compte des résultats des démarches d'amélioration continue de la qualité que peuvent réaliser les établissements et services.

1.3. L'évaluation interroge la mise en œuvre d'une action, sa pertinence, les effets prévus et imprévus, son efficience, en considération du contexte observé.

Elle implique un diagnostic partagé, la construction d'un cadre de référence spécifique d'évaluation, le choix d'outils de mesure et d'appréciation adaptés. Elle repose sur la mobilisation des partenaires concernés aux différentes étapes de la démarche évaluative.

1.4. L'évaluation contribue à la coopération entre les usagers, les professionnels, les gestionnaires des établissements et services sociaux et médico-sociaux et les autorités publiques.

SECTION 2

Conditions particulières liées aux dispositions inscrites, notamment aux articles L. 311-1 et L. 313-3.

2.1. L'évaluation mentionnée au premier alinéa de l'article L. 312-8 constitue une évaluation interne, conduite par les établissements et services sociaux et médico-sociaux figurant à l'article L. 312-1. L'évaluation mentionnée au deuxième alinéa de l'article L. 312-8, réalisée par un organisme extérieur habilité, constitue une évaluation externe. Ces évaluations portent sur les activités et la qualité des prestations délivrées.

2.2. Les champs des évaluations interne et externe doivent être les mêmes, afin d'assurer la complémentarité des analyses portées sur un même établissement ou service. Les évaluations successives, internes et externes, doivent permettre d'apprécier les évolutions et les effets des mesures prises pour l'amélioration continue du service rendu.

2.3. L'évaluation externe ne permet pas de comparer les établissements et services entre eux. Seule la comparabilité dans le temps entre les résultats des évaluations peut être recherchée, pour un établissement ou un service donné.

2.4. L'évaluation s'appuie sur l'observation des pratiques sur le terrain, auprès de groupes d'acteurs interdépendants ; elle analyse des systèmes complexes intégrant l'interférence de nombreux facteurs, notamment les interactions entre bénéficiaires et institutions, et des facteurs externes.

2.5. Les domaines explorés sont déterminés par les orientations des politiques sociales et médico-sociales.

2.6. Compte tenu des fondements de l'action sociale et médico-sociale énoncés aux articles L. 311-1 et L. 313-3, l'évaluation externe doit comporter deux volets complémentaires :

1° Un volet relatif à l'effectivité des droits des usagers. L'évaluation porte au moins sur les conditions de participation et d'implication des personnes bénéficiaires des prises en charge ou accompagnements, les mesures nécessaires au respect du choix de vie, des relations affectives, de l'intimité, de la confidentialité et, s'il y a lieu, sur les dispositions prévues pour assurer la sécurité des personnes.

2° Un volet plus particulièrement adapté à l'établissement ou au service considéré. À cette fin, l'analyse porte, au premier chef, sur les logiques d'action et les axes de travail.

Cette analyse retient notamment : l'accompagnement au développement personnel, à l'autonomie, selon la personnalité, les limitations d'activités ou la situation de fragilité de chaque individu, la sensibilisation au risque d'isolement affectif et social, la prise en compte des interactions avec les proches et l'environnement, l'inscription des actions dans la continuité des choix de l'individu, le travail mené sur l'accès aux droits.

CHAPITRE II

Objectifs de l'évaluation externe

SECTION 1

Porter une appréciation globale

L'évaluation des activités et de la qualité des prestations sera organisée de façon à fournir des éléments synthétiques sur les points suivants :

1° L'adéquation des objectifs du projet d'établissement ou de service par rapport aux besoins, aux priorités des acteurs concernés et aux missions imparties ;

2° La cohérence des différents objectifs entre eux ;

3° L'adaptation aux objectifs des moyens humains et financiers mis en place ;

4° L'existence et la pertinence de dispositifs de gestion et de suivi ;

5° L'appréciation sur l'atteinte des objectifs, la production des effets attendus et d'effets non prévus, positifs ou négatifs ;

6° L'appréciation de l'impact des pratiques des intervenants sur les effets observés ;

7° Les conditions d'efficience des actions et de réactualisation régulière de l'organisation.

Un ensemble de documentations et d'actualisation oblige à un travail permanent, sérieux, établi par des professionnels aguerris, pour des structures toujours en manque de moyens et de dotations budgétaires.

La structuration de la documentation institutionnelle trouve son expression première à travers la contractualisation de l'établissement avec le nouveau résident par la signature du contrat de séjour.

Celui-ci est accompagné d'une documentation complémentaire qui s'exprime notamment par la remise, dès son entrée, d'un règlement de fonctionnement et de la charte des droits et libertés de la personne accueillie.

L'actualisation du contrat de séjour et du règlement de fonctionnement représente un travail important en termes de rédaction mais également de suivi de l'évolution de la législation et de la réglementation[54].

Récemment, la mise en place d'une annexe du contrat de séjour, relative à la réalisation d'une procédure collégiale, particulièrement complexe « pour assurer l'intégrité physique et la sécurité de la personne et pour soutenir

---

[54] Article L. 311-4, modifié par Loi n° 2015-1776 du 28 décembre 2015 – art. 27.

l'exercice de sa liberté d'aller et venir » – liberté des résidents concernés – a pu exprimer la difficulté des établissements à suivre les évolutions législatives et réglementaires en les intégrant dans le processus d'actualisation de leur documentation[55].

La démarche qualité fait également et surtout obligation de disposer de tout un ensemble documentaire extrêmement bien élaboré :

- Fiches de poste et de fonctions ;
- Protocoles ;
- Procédures ;
- Plans pluriannuels d'investissement ou de formations professionnelles ;
- Évaluations internes et externes ;
- Description et contenu du dossier médical et de soins infirmiers ;
- Description du processus de préparation et de distribution des médicaments, fondée sur le principe de la sécurisation du médicament ;
- Contenu et réalisation de la convention tripartite pluriannuelle, et maintenant du CPOM ;
- Plan bleu ;
- Avis de la commission de sécurité et d'accessibilité ;
- Contrôles alimentaires effectués ;
- Suivi des risques en matière de légionelloses ;
- Diagnostic accessibilité ;
- Diagnostic énergétique ;
- Et bien d'autres documents qui expriment la qualité de fonctionnement, mais qui n'en sont pas moins contraignants et consommateurs « de

---

[55] Article L. 311-4-1, créé par Loi n° 2015-1776 du 28 décembre 2015 – art. 27.

temps » – et donc de moyens financiers – des acteurs professionnels d'un EHPAD.

Une approche exprimée de manière synthétique peut nous permettre de comprendre combien peuvent être grandes les dérives initiées par des convictions fondées sur du bon sens.

Un certain nombre de croyances véhiculées d'année en année, de texte en texte, ou de décennie en décennie, peuvent conduire à penser que les directions indiquées, que les orientations souhaitées, que les textes rédigés correspondent bien à des réalités indispensables au bon fonctionnement des institutions.

Mais tel n'est pas toujours le cas.

« Sur l'évaluation de la qualité, "on ne peut pas dire qu'on ait fondamentalement progressé" [depuis 2006], mais ce n'est pas propre aux EHPAD, a-t-il continué, évoquant "une évaluation, qui se consacre parfois plus aux process qu'aux résultats" dans le sanitaire, et une évaluation "très fruste dans l'aide à domicile".

En EHPAD, "on est sans doute resté dans le domaine du process", a-t-il dit, admettant que "la question de la qualité de la prise en charge [y] est complexe" »[56].

---

[56] « EHPAD : la médicalisation a vampirisé la réflexion globale sur la qualité », 05/07/2018, gerontonews.com, cité par Claire BEZIAU, journaliste, claire.beziau@gerontonews.com

CHAPITRE 9

L'excès national de textes, de rapports et de recommandations

La multiplication des textes législatifs et réglementaires apparaît aujourd'hui comme un véritable élément de trouble dans la société française.

Elle concerne toutes les catégories d'entreprises ou de structures exerçant des métiers de toute nature.

Mais si les grandes entreprises sont capables d'intégrer la multiplication de ces « normes », les structures sanitaires ou celles médico-sociales, surtout quand elles disposent d'une capacité limitée en termes d'activité, peuvent se trouver en difficulté.

Essayons à travers certaines citations de comprendre le mécanisme de cet excès textuel.

Depuis plusieurs années, le ressenti citoyen au niveau national est celui d'une augmentation de la législation et, en conséquence, de la réglementation qui en découle.

Ressenti ou réalité ?

Ce ressenti se confirme dans la réalité et est ainsi exprimé de manière factuelle, montrant l'importance de l'évolution textuelle, comme si celle-ci déterminait la qualité de l'évolution démocratique de notre pays :

« Les textes de loi sont de plus en plus nombreux et de plus en plus longs. En moyenne, ils sont passés de 93 lignes en 1950 à 220 en 1991. Le recueil de textes de loi publié à l'Assemblée nationale est passé de 418 pages en 1960 à 19 248 pages en 1995. »[57]

Ce constat se complète d'un élément additionnel particulièrement éloquent, qui explique plus encore le phénomène géométrique de cette inflation textuelle.

Ce constat est confirmé à travers l'explication donnée par le Conseil d'État :

« "Le Conseil d'État a évalué que, chaque année depuis 2010, le nombre d'articles de loi a augmenté de 8 % et le nombre de mots qui les composent, de 6 %. Cette inflation est le fait des gouvernements à 80 %", chacun des ministres voulant sa loi. La faute à l'Europe aussi, dont le droit tatillon s'impose aux États membres. »[58]

Les démarches gouvernementales ne semblent prendre sens que dans la multiplication des textes, au risque même de les prendre dans des situations d'urgence, qu'elles soient justifiées ou non.

Toutefois, les processus se cumulent. Un autre processus apparaît ainsi relevé et décrit :

« Durant les trois premières législatures de la V⁰ République. À peine 10 % des lois étaient adoptées en recourant à la procédure d'urgence. Puis, peu à peu, ce chiffre s'est accru : environ 30 % des textes entre 1968 et

---

[57] FRÉDÉRIC LEMAÎTRE, PASCALE SANTI : « La crise du capitalisme financier » ; pour l'avocat JEAN-MICHEL DARROIS, « En privilégiant l'actionnaire, on fait des erreurs », journal *Le Monde*, samedi 20 juillet 2002, page 13.
[58] Fabrice MADOUAS : Revue : *Valeurs actuelles*, 16 juillet 2015, page 17.

1980, et, après quelques pics, à nouveau 30 % sous le gouvernement de Lionel Jospin. Depuis le début de l'actuelle législature, 65 % des textes sont adoptés après la déclaration d'urgence et c'est même le cas de la totalité des textes en 2008, à deux exceptions près. »[59]

Au travers du cumul de ces diverses situations, nous comprenons mieux les critiques sur les excès de normes, d'obligations, d'orientations diverses, de bonnes pratiques professionnelles, de recommandations de toute nature et plus généralement les critiques sur les fonctionnements d'un État démocratique comme le nôtre, qui s'obligerait pourtant à faire en sorte d'éviter qu'une multiplication de textes ne conduise, au bout du compte, qu'à faussement protéger des gouvernements sans cesse remis en cause par les événements quotidiens de la vie politique.

La multiplication de ce que l'on désigne plus généralement dans le terme générique « normes » n'aide ni les gouvernements en place, ni les citoyens concernés et encore moins la démocratie…

Un excès de normes et de prescriptions diverses, accompagnées parfois d'aides étatiques ou des collectivités, conduisent en fait à exercer une réelle pression sur les entreprises ou les institutions.

Voilà ce qui en est dit dans une citation qui concerne les entreprises privées, mais dont l'orientation est largement applicable aux établissements sociaux et médico-sociaux, au regard de leur mission, au regard également de leur statut :

---

[59] Gilles FINCHELSTEIN : *La dictature de l'urgence*, Éditions Fayard, 2011, pages 81 et 82.

« Par quel moyen l'État s'assure-t-il ainsi de son pouvoir absolu ? La technique est bien rodée, comme l'a expliqué drôlement Bernard RAMANANTSOA, directeur général d'HEC, lors des rencontres parlementaires pour l'entreprise. D'une main, il applique une fiscalité insoutenable. De l'autre, il propose des aides et des compensations en cash ou en différé (crédit d'impôt recherche, ISF TEPA, aides à la formation). En échange, il demande des comptes. Exige un droit de regard. Les entreprises doivent remplir des dossiers. Renseigner les imprimés. Satisfaire à des obligations. Et bien sûr, il effectuera des contrôles : fiscaux, URSSAF, Inspection du travail. »

« Les entreprises restent souvent bloquées à 9 ou à 49 salariés par peur de passer le seuil fatidique. Et pour cause : "lorsqu'une société embauche son 50e salarié, elle doit faire face à 32 dispositions réglementaires supplémentaires !" a recensé Christophe PRAUD, président du centre des jeunes dirigeants d'entreprise. Soit 3 à 4 % de masse salariale en plus. De quoi hésiter. »[60]

On peut largement imaginer combien d'établissements publics, ou d'établissements privés d'hébergement pour personnes âgées, dépendants totalement de tarifications fixées par des autorités nationales, régionales et départementales, peuvent craindre des contrôles systématiques, voire des mesures qui peuvent aller jusqu'à la fermeture d'une structure.

Les EHPAD disposent de bien peu de liberté, et ne se trouvent pas forcément, fondamentalement, nécessairement

---

[60] Christine KERDELLANT : « Pourquoi entreprendre en France est un parcours du combattant », magazine *L'Express*, n° 3219, 13 mars 2013, page 90.

dans des situations de relations sinon d'égalité du moins d'échanges partenariaux avec des autorités bien trop puissantes face à ces institutions – les EHPAD – bien trop fragiles.

L'EHPAD est aussi concernée, et surtout concernée par ce type d'excès.

Un exemple d'excès en EHPAD. En ce qui concerne les EHPAD, nous pouvons noter des critiques fondatrices de l'excès de textes et d'obligations, ainsi et par exemple, au niveau du fonctionnement médical.

Dans le cadre de ces 13 missions, le médecin coordonnateur d'un EHPAD est astreint à certaines d'entre elles, dont l'application et l'utilité peuvent être contestées :

« L'obligation relative à la commission de coordination gériatrique est déclarée totalement inappliquée dans 36,10 % des cas ;

L'obligation relative à l'élaboration d'une liste des spécialités médicamenteuses à utiliser préférentiellement est déclarée totalement inappliquée dans 26,50 % des cas.

En outre, la réalisation du projet général de soins et du rapport annuel d'activité médicale accuse des niveaux d'inapplication élevés (respectivement 17,8 % et 15,4 %).

La principale cause invoquée pour justifier les cas d'inapplication est fondée sur la question des ressources humaines (38,24 % en moyenne sur ce thème). Le rapport d'activité médical… est régulièrement considéré comme une charge administrative lourde pour le bénéfice retiré par les résidents et l'établissement. Il n'est considéré comme utile qu'à la condition d'être analysé et exploité, ce qui n'est pas toujours le cas. Plusieurs médecins coordonnateurs ont en outre exprimé le souhait de pouvoir bénéficier d'une trame "normalisée"[61].

Progressivement, la prise de conscience se fait. Elle en est pourtant lente.

Les critiques sont massives.

Sur la question du référentiel national, un rapport de grande qualité nous rappelle qu'il faudrait d'ailleurs veiller à ce que le référentiel national d'évaluation ne conduise pas à une standardisation accrue des EHPAD, mais bien à la valorisation de leurs missions.
Mmes Monique IBORRA et Caroline FIAT, dans leur rapport précité sur les EHPAD, avaient d'ailleurs proposé de créer un comité de simplification des normes en EHPAD (normes architecturales, hygiène, sécurité, risques climatiques et sanitaires notamment) associant les usagers et les établissements. »[62]

La France souffre profondément de cet excès de textes. L'Europe n'en est pas moins dans la même souffrance.

Des commissions sont mises en place. Des grands organes de l'État confirment cet excès. Mais l'immobilisme reste sur ce sujet particulièrement fort.

---

[61] CNSA – Commission Normes et Moyens en EHPAD. « Questionnaire et visites sur site : ce qu'en disent les professionnels. » Rapport-présentation des résultats, septembre 2015, page 33.
[62] Assemblée nationale, « Mission d'évaluation et de contrôle des lois de financement de la sécurité sociale », Paris, le 24 juillet 2018, « Projet de rapport d'information sur l'évolution de la démarche qualité au sein des EHPAD et de son dispositif d'évaluation », présenté par Mme Annie Vidal, pages 48 et 49.

L'excès de rapports et de recommandations complète parfaitement ce tableau.

Nous allons montrer l'évolution historique des études sur les établissements d'hébergement.

Le nombre de ces études est important et nous ne serons pas forcément exhaustifs.

Il s'agit surtout, dans un premier temps, d'exprimer, de manière quantitative, les nombreuses réflexions qui ont eu lieu sur le sujet, sans que, pour autant, la réalisation n'ait connu de réalisation.

En certaines circonstances, il a pu y avoir une réalisation partielle, un aboutissement partiel de certaines propositions.

Constatons la multiplicité et la longueur des rapports !

2002.

En juillet 2002, sur un sujet proche, paraissait le rapport du groupe de travail sous l'autorité de Monsieur Jean-Pierre GRUNPSAN, avec la participation de Jean-Marie DORMAGEN.

Il s'agissait d'un rapport sur « les logements foyer pour personnes âgées ».

Là aussi, même si le sujet peut apparaître particulièrement important, on peut mesurer l'excès de textes.

Le rapport avait 574 pages, exprimant ainsi dans sa diversité toutes les orientations possibles.

2006.

Le 27 juin 2006, le ministre délégué à la sécurité sociale, aux personnes âgées, aux personnes handicapées, à la famille, Monsieur Philippe BAS, présentait le célèbre « Plan Solidarité – grand âge ».

Ce document, même s'il ne concernait pas forcément et exclusivement les EHPAD, n'en présente pas moins 39 pages de réflexions sur le sujet du vieillissement.

2009.

Le rapport suivant est établi en août 2009 et comprend 144 pages.

Ce rapport est le suivant :

Inspection générale des affaires sociales, RM2009-094P, août 2009, rapport, Tome I, établi par Christine BRANCHU, Joëlle VOISIN, Jérôme GUEDJ, Didier LACAZE, Stéphane PAUL, membres de l'Inspection générale des affaires sociales, « État des lieux relatif à la composition des coûts mis à la charge des résidents des établissements d'hébergement pour personnes âgées dépendantes (EHPAD). »

2010.

Au cours de l'année 2010, un travail de qualité a été réalisé sur la prise en charge des personnes âgées dépendantes.

Il s'agit du Rapport n° 2647, Assemblée nationale, enregistré à la présidence de l'Assemblée nationale le 23 juin 2010.

> Rapport d'information déposé en application de l'article 145 du règlement, par la commission des affaires sociales en conclusion des travaux de la mission *sur* la prise en charge des personnes âgées dépendantes et présenté par Mme Valérie ROSSO-DEBORD, députée.

Ce rapport comprend 128 pages.

2011.

Le rapport « Bien-être et santé mentale : des atouts indispensables pour bien vieillir » d'Olivier de LADOUCETTE fait 38 pages. Il est de mars 2011.

2013.

Cette année-là, nous pouvons relever un rapport qui est en parfaite conformité avec notre réflexion.

Il s'agit du rapport de la « mission de lutte contre l'inflation normative », établi par Alain LAMBERT et Jean-Claude BOULARD, appuyé par Ariane CRONEL, inspectrice de l'administration, rapport en date du 26 mars 2013. Ce rapport émanait du ministère de la Réforme de l'État, de la Décentralisation et de la Fonction publique, ministère délégué chargé de la décentralisation.

Ce rapport comprend 116 pages.

2014 /2015.

Un rapport particulièrement intéressant :

Le rapport public d'activité du Conseil national d'évaluation des normes, établissement autorité de Monsieur Alain LAMBERT, président du Conseil national d'évaluation des normes, rapport paru en juillet 2015.

Ce rapport comprend 25 pages.

2015.

Le rapport numéro 2507 est enregistré à la présidence de l'Assemblée nationale le 21 janvier 2015, et déposé en application de l'article 145 du règlement par la commission des affaires sociales ; il traite de la conclusion des travaux de la mission d'évaluation et de contrôle des lois de financement de la sécurité sociale sur la mise en œuvre des missions de la Caisse nationale de solidarité pour l'autonomie.

Il était présenté par Mme Martine CARRILLON-COUVREUR, députée.

Ce rapport comprend 317 pages

Récemment sont produits de nouveaux rapports.

2018.

L'année 2017 sera celle d'une action particulièrement vive des acteurs gérontologiques et aboutira à un certain nombre de rapports particulièrement intéressants.

Certains de ces rapports paraîtront dans l'année 2018.

Nous allons en évoquer quelques-uns et montrer l'importance de la réflexion collective et nationale, exclusivement dans sa dimension quantitative.

Nous traiterons dans le paragraphe suivant du contenu de ces rapports, en termes de propositions, là aussi sans exhaustivité, mais dans la volonté d'une recherche de propositions importantes et intéressantes permettant aux EHPAD, un fonctionnement enfin adapté.

Comme nous l'avons déjà expliqué, dans un premier temps, il est important de pouvoir mesurer en termes de nombre de pages toutes les réflexions, les recherches de nature nationale, politique, afin de pouvoir bien saisir cet excès de contenus que tout le monde pourra comparer aux avancées réduites proposées aux établissements d'hébergement pour personnes âgées dépendantes, dans un contexte où ces derniers se trouvent confrontés au regard d'une inflation normative importante, d'une dépendance sans cesse plus forte, de pathologies de leurs résidents incontestablement plus nombreuses et d'exigences des aidants naturels de plus en plus élevées.

Nous pouvons évoquer le rapport issu de la commission des affaires sociales, concernant la mission d'information sur les établissements d'hébergement pour personnes âgées dépendantes, rapport traitant de l'examen des conclusions de cette mission d'information, rapport édité le 14 mars 2018, et rédigé par Mmes Monique IBORRA et Caroline FIAT, rapporteures.

Ce rapport, particulièrement important, et dont les qualités ne peuvent qu'être relevées, comprend 102 pages.

Devant la complexité de la situation, au regard d'une tension perceptible au niveau national sur le sujet, a paru également le rapport n° 341 du Sénat dans le cadre de sa session ordinaire de 2017/2018 enregistré à la présidence du Sénat le 7 mars 2018, rapport d'information fait au nom de la commission des affaires sociales sur la situation dans les EHPAD, par M. Bernard BONNE, sénateur.

Ce rapport, et il faut le relever avec insistance, est particulièrement long et comprend 118 pages.

Une autre étude a également été réalisée.

Il s'agit du relevé des échanges et propositions de la mission de médiation sur la mise en place de la réforme de la tarification pour les EHPAD, réalisé par l'Inspection générale des affaires sociales, rapport établi par Pierre RICORDEAU, membre de l'Inspection générale des affaires sociales, en avril 2018.

Cette étude comprend 56 pages.

Ces quelques rapports expriment avec netteté la répétitivité des analyses qui ne cessent, non pas d'éclairer les situations, mais de les obscurcir.

On peut s'interroger sur leur opérationnalité et craindre que notre pays ne continue dans cette voie.

De là découle un excès national de constats et de propositions.

Nous allons examiner certains de ces rapports.

Sans exhaustivité mais avec le souhait de montrer leur abondance, les nombreuses propositions faites, les avancées aisées que l'on aurait pu mettre en avant.

Avec les certitudes que l'application de certaines de ces mesures souvent demandées de longue date par les fédérations d'établissements aurait pu conduire, avec progressivité et sérieux, à éviter ces crises successives que connaissent les EHPAD.

Examinons simplement les aspects purement quantitatifs qui pour le moins révéleront ces excès de rapports et de propositions.

Donnons quelques exemples :

Le rapport de Mme Valérie ROSSO-DEBORD du 23 juin 2010, sur la prise en charge des personnes âgées dépendantes contient 17 propositions.

Le rapport de Pierre RICORDEAU fait 17 propositions.

Le rapport de Bernard BONNE avance 24 propositions.

Le rapport présenté par Mme Annie VIDAL, présenté à l'Assemblée nationale, mission d'évaluation et de contrôle des lois de financement de la sécurité sociale, Paris, le 24 juillet 2018, projet de rapport d'information sur « l'évolution de la démarche qualité au sein des EHPAD et de son dispositif d'évaluation », avance 17 propositions.

Sur les sujets du vieillissement, de la gérontologie et des institutions d'hébergement, les propositions d'amélioration des situations de fonctionnement n'ont jamais manqué.

Sur la base des rapports des recommandations ci-dessus citées, nous allons essayer d'en sélectionner quelques-unes, quelques propositions suffisamment significatives dont l'application aurait permis des améliorations tangibles dans le fonctionnement et le management des établissements d'hébergement pour personnes âgées dépendantes.

Nous respecterons quelques critères essentiels afin de bien appréhender notre démarche, et d'être en phase avec notre sujet :

- Les propositions seront sélectionnées.
- Cette sélection a pour but de ne pas reprendre systématiquement les propositions de chaque rapport ou de chaque recommandation mais bel et bien de montrer que des mises en application de certaines d'entre elles auraient pu et dû conduire à des fonctionnements institutionnels réussis.
- La mise en avant de ces propositions doit être observée comme des orientations dont l'application aurait largement contribué à la mise en valeur des EHPAD, à leur reconnaissance nationale comme étant un véritable lieu de vie et un véritable lieu de soins en parfaite conformité avec les exigences de qualité.
- Le regard que nous devons porter sur les propositions émanant des recommandations de bonnes pratiques professionnelles doit être celui du manager, du gestionnaire, du responsable d'établissement ou de service qui ne peut mettre en avant des améliorations qu'en ayant, simultanément, disposé d'un plan de financement ou de la mise en place d'une politique d'économie susceptible de dégager les moyens financiers pour l'application de ces recommandations.

Favoriser les améliorations, développer les recommandations de bonnes pratiques professionnelles, ajuster en permanence les modèles de fonctionnement au regard des situations de vigilance nécessaire, ainsi la vigilance en période hivernale, – ainsi la vigilance en période de canicule, ainsi la vigilance en matière de risques de bactéries multirésistantes –, personnaliser le regard porté sur chaque résident – ainsi qu'il est exprimé dans son projet individualisé –, tout cela nécessite qu'il y ait une approche fondée sur les coûts de ces mesures.

Nous sommes conscients qu'il ne peut pas y avoir une estimation parfaite qui découlerait de ces améliorations.

Nous sommes conscients également que, dans un fonctionnement institutionnel, des marges de progression peuvent être réalisées sans que, pour autant, des coûts supplémentaires n'en apparaissent systématiquement.

Cette difficulté d'évaluation des coûts a déjà été clairement énoncée.

« La méthode d'évaluation des coûts.

La méthode d'évaluation des coûts induits par les textes soumis au CNEN, comme précédemment de la CCEN, a été établie à partir des fiches d'impact financier renseignées par les ministères porteurs.

Il s'agit d'ordre de grandeur indicatif et non exhaustif dépourvu de valeur scientifique, ayant vocation à être exploité exclusivement à des fins d'information. »[63]

Ces considérations ne peuvent empêcher une lecture très claire sur la question des améliorations permanentes des fonctionnements institutionnels.

Il ne peut y avoir amélioration continue sans moyens donnés en complément d'une amélioration nouvelle, de pratiques nouvelles, de recommandations complémentaires.

---

[63] Dans le rapport du *Conseil national d'évaluation des normes, Rapport public d'activité 2014*, Monsieur Alain LAMBERT, juillet 2015, président du Conseil national, page 16.

Sans qu'il y ait pour autant, comme nous l'avons précisé déjà, d'adéquation stricte, le regard financier des avancées qualitatives.

Les établissements ont souffert énormément de ce refus national de la réalité des coûts qui en découlaient.

Et, en ce sens, on peut évoquer la dénonciation de l'inhumanité des excès de normes.

Cette critique de l'excès des normes est souvent exprimée de manière vive.

Et nous le comprenons.

Et nous y adhérons.

« Plus généralement, la vérité oblige à dire que "le choc de simplification" tarde à trouver sa traduction, à raison de l'ignorance des sains principes de proportionnalité, de simplicité, d'accessibilité et d'intelligibilité comme garants de la meilleure sécurité juridique. Chaque rédacteur de texte obligatoire devrait être invité à relire Portalis pour comprendre que les normes sont faites pour les hommes et non les hommes pour les normes. Qu'elles doivent être adaptées au caractère, aux habitudes et à la situation des collectivités, parce que, s'il est possible de calculer les avantages que la théorie nous offre, il ne l'est pas de connaître tous les inconvénients que la pratique seule peut découvrir. Qu'il faut s'en tenir au bien si l'on est en doute du mieux. Qu'en corrigeant un abus, il convient d'examiner les dangers de la correction même. Qu'il est absurde de se livrer à des idées absolues de perfection dans les domaines qui ne le permettent pas. Qu'au lieu de changer les normes, il est presque toujours utile de présenter aux citoyens et à leurs collectivités de nouveaux motifs de les aimer. »[64]

---

[64] *Ibid.*, page 25.

Nous pouvons mettre en avant les constats et propositions du rapport de Mme Valérie ROSSO-DEBORD.

La prise en charge financière d'une aide-soignante obéit, au regard des textes sur la mise en place des conventions tripartites pluriannuelles, à une clé de répartition qui fait intervenir deux autorités de tarification pour en assurer et pour en assumer cette prise en charge : l'autorité de tarification chargée de la dotation de soins et la collectivité territoriale qu'est le conseil départemental.

Un des constats essentiels est celui de la difficulté d'obtenir une cohésion dans le positionnement des deux autorités ci-dessus indiquées.

Ce constat a été fait depuis de nombreuses années sans que personne ne se préoccupe, en termes décisionnels, de sa modification.

Lisons le rapport en page 57 :

« La structure ternaire de la tarification rend parfois malaisée l'attribution de telle ou telle dépense à l'une ou l'autre section et l'étanchéité ne peut pas toujours être respectée : M. Emmanuel Sys, président de la conférence nationale des directeurs d'établissements d'hébergement pour personnes âgées dépendantes ; il a ainsi indiqué à la mission qu'afin de parvenir à une bonne gestion de leur établissement, certains directeurs d'établissements affectent les rémunérations de leurs aides-soignants davantage en fonction des déficits ou excédents d'une section qu'en fonction de la réglementation ; par ailleurs, il a observé qu'en raison de l'augmentation de la dépendance physique des résidents mais aussi de la prévalence des maladies d'Alzheimer, il s'opérait souvent un glissement des tâches hôtelières des agents des services hospitaliers dont le recrutement est plus aisé, puisque leur rémunération imputée majoritairement sur le tarif hébergement obère moins les finances des conseils généraux que celles des aides-soignants, vers des fonctions de soins ; le partage de la prise en charge des salaires des aides-soignants et des aides médico-psychologiques à raison de 70 % sur le tarif "soins" (pris en charge par l'assurance maladie) et de 30 % sur le tarif "dépendance" (pris en charge par le département) représente un facteur de complexité et de blocage, dans un contexte de contraintes financières pour les conseils généraux, induisant chez ces derniers des refus ou des retards de signature des conventions. »

C'est au travers d'un exemple comme celui-là que nous percevons les difficultés décisionnelles des autorités politiques et gouvernementales.

Les établissements sont souvent amenés à des négociations d'autant plus difficiles qu'ils sont confrontés à deux autorités de tarification, dont les intérêts peuvent différer, et dont les pouvoirs sont incontestablement importants, au regard de ce que peut représenter un établissement d'une centaine de places dans un territoire français.

En termes de propositions, la deuxième proposition de ce rapport est particulièrement expressive de la difficulté d'apposer l'amélioration de la qualité à l'augmentation des coûts qui en découleraient.

Ce rapport insiste largement sur la maîtrise des coûts du tarif liés à l'hébergement. Il n'en est pas moins dans une dynamique dans laquelle des surcoûts évidents apparaissent. C'est le cas de la question nutritionnelle en établissement d'hébergement.

Cela est exprimé en page 67 de ce rapport :

« Proposition n° 2 : Adjoindre à chaque convention tripartite liant une agence régionale de santé, un conseil général et un établissement hébergeant des personnes âgées dépendantes, un cahier des charges spécifique audit établissement et relatif aux bonnes pratiques nutritionnelles devant être appliquées à l'égard de ses résidents. »

Très concrètement, nous avons pu constater que ce type de demande ne semblait pas être suivi d'effet, au regard de la contradiction ci-dessus évoquée.

Progressivement, l'État a pu développer des chartes préconisant l'amélioration nutritionnelle des personnes âgées hébergées sans que, pour autant, ces chartes ne soient réellement suivies d'effet.

On ne rendait pas hommage aux établissements d'hébergement si on ne rappelait pas les efforts permanents et constants qu'ils développent pour l'amélioration nutritionnelle de leurs résidents.

Cette amélioration n'a nullement entraîné une quelconque augmentation particulière de leur tarification d'hébergement.

Parmi les positions complémentaires de ce rapport, se trouve, en page 73, la grande question de la maîtrise des hospitalisations des personnes âgées hébergées. Avant d'en apporter un commentaire, même concis, mais nous souhaitons le plus significatif possible, lisons exactement le contenu de cette proposition :

« Proposition n° 6 : Confier à la Caisse nationale de solidarité pour l'autonomie la direction d'une étude sur les conditions d'hospitalisation des personnes âgées et, en fonction des enseignements de cette étude, l'engager à définir, en collaboration avec les agences régionales de santé, les actions à mener pour remédier aux éventuels dysfonctionnements constatés notamment, par une anticipation de ces situations par les établissements d'hébergement pour personnes âgées dépendantes. »

L'intérêt de cette proposition est humainement évident.

Son contenu peut toutefois nous interpeller en ce qu'il y a, à travers cette proposition, des « non-dits » qui nous paraissent évidents, et des liens avec des concepts traditionnels de nos fonctionnements gérontologiques qui ne semblent pas être réalisés.

Voilà quelques remarques qui peuvent permettre de comprendre pourquoi l'excès de demandes, pourquoi l'excès de normes, pourquoi l'excès d'exigences, pourquoi l'excès de recommandations, ne mènent pas véritablement à des solutions pratiques, malgré les contraintes qui progressivement seront imposées aux institutions sans que les moyens financiers et humains ne soient accordés :

- Demander une étude sur les conditions d'hospitalisation des personnes âgées hébergées, alors que cela fait bien des années que la problématique existe, montre s'il en était besoin combien la perception politique est éloignée de la réalité du terrain, réalité qui s'impose au quotidien aux établissements, et sur lesquels ceux-ci ont, en général, déjà un temps d'avance.

- Cette proposition aurait gagné à être inscrite dans une réflexion plus généraliste et dans une action immédiate sur les missions du médecin coordonnateur. Là aussi, et quelles qu'en soient les raisons, la minoration de l'activité du médecin coordonnateur dans sa fonction de prescripteur, malgré une évolution récente, conduit à des difficultés permanentes qui rejaillissent naturellement sur les phénomènes d'hospitalisation, hospitalisation dévastatrice souvent pour la personne âgée hébergée, fatiguée, et dont chaque transport constitue une aggravation possible de son état de santé.
- Une interrogation évidente apparaît au regard de cette proposition : qui aujourd'hui en France, disposant d'un bagage minimum d'informations, de réflexions, d'études sur le sujet, ignorerait le coût des hospitalisations des personnes âgées hébergées, notamment des hospitalisations d'urgence, le nombre de ces hospitalisations, et même à défaut de ces informations réelles, qui peut ignorer que le coût est particulièrement élevé ? De plus, qui peut ne pas savoir combien est coûteuse en termes physiques, en termes psychologiques, une hospitalisation d'une personne âgée souvent de plus de 80 ans, ou de plus de 90 ans, ou plus encore ?
- Dans le même sens, la réalisation de cette action aurait été d'autant plus positive si cette proposition avait pu mettre en avant le lien entre l'économie réalisée en termes de diminution du nombre des hospitalisations et la possibilité pour l'établissement d'en retirer, au moins

partiellement, un bénéfice quelconque au plan financier.
- Au plan conceptuel, et au niveau de réflexion, nous sommes dans l'année où est réalisé ce rapport, alors que plusieurs rapports ont déjà évoqué ce type de situation, alors que la réforme d'avril 1999 a mis en exergue la fonction de médecin coordonnateur, alors qu'un outil étudiant les pathologies des personnes âgées, outil PATHOS, a été mis en application depuis des années, demander à nouveau une étude participe à cette fonctionnalité largement utilisée par le monde politique et gouvernemental pour repousser des situations dont les responsables de fédération d'associations pourraient aisément et rapidement développer les modalités de leur mise en place.

Au travers de ces quelques analyses, nous pouvons mesurer, nous pouvons maîtriser, nous pouvons approcher, nous pouvons déterminer, les ressorts des fonctionnements nationaux.

La volonté répétitive de démarches textuelles, alliée à la volonté d'aboutir à des contraintes supplémentaires, sans aller à la source des problèmes, à la résolution par la simplicité ou par des méthodologies précises mais simples d'application, conduit naturellement à une moindre réalisation des propositions ou des objectifs ou des axes stratégiques qui sont pourtant reconnus par tous les grands acteurs gérontologiques mais aussi également, et il faut le dire, par le monde politique et gouvernemental qui a toute conscience de ce type de fonctionnement.

Fallait-il que ce rapport repose sur un classicisme de pensée tel qu'il ne pouvait pas évoquer un des concepts clés des textes législatifs et réglementaires touchants aux dotations, notamment des EHPAD !

La convergence tarifaire ne pouvait pas ne pas être mentionnée.

Voilà ce qu'il en est dit en page 79.

« Le processus de convergence tarifaire repose sur le principe "à situation égale en termes de profil de la population accueillie, allocation de moyens égale".

Pour parvenir à calculer et à comparer ce que devraient être les dotations de soins théoriques des établissements – les tarifs plafonds –, une unité de référence, le GIR moyen pondéré soins (GMPS), a été définie ; son application à chaque établissement en fonction du nombre de ses lits a permis de constater que 20 % à 25 % des établissements disposent d'une dotation soins supérieure à ce qu'autoriserait en principe leur tarif plafond, alors que 75 % à 80 % se situent sous leur tarif plafond.

L'outil PATHOS et la pathossification – se fondent sur l'estimation, au moyen de la grille AGGIR, du degré de dépendance des résidents – aboutissant à une moyenne du niveau de prestation fourni par l'établissement pour la prise en charge de la dépendance en son sein, dite "GIR moyen pondéré" (GMP) – et à une estimation des besoins réels en soins médico-techniques de l'établissement – aboutissant à une moyenne de sa charge en soins techniques, dite "PATHOS moyen pondéré" (PMP).

Le GMPS agrège lui-même les deux variables GMP et PMP. La procédure complexe de son calcul est définie par l'arrêté du 26 février 2009 fixant les règles de calcul des tarifs plafonds et de mise en œuvre de la convergence tarifaire prévues à l'article L. 314-3-II du code de l'action sociale et des familles applicables aux établissements mentionnés au 6e du I de l'article L. 312-1 du même code ayant conclu la convention pluriannuelle prévue au I de l'article L. 313-12 du code précité. »

L'analyse serait incomplète si on ne lit pas ce texte dans sa page 80.

> « De ce fait, ont été fixées des règles de convergence tarifaire s'appliquant aux 600 à 700 établissements et services sociaux et médico-sociaux dépassant leurs tarifs plafonds. Afin d'effacer l'écart existant entre la dotation qu'ils reçoivent actuellement et celle dont ils auraient normalement dû bénéficier au titre de leur tarif plafond, ces établissements ont vu leur dotation soins 2009 quasiment bloquée au niveau de celle qu'ils avaient reçue en 2008 (son taux d'évolution ayant été fixé à 0,5 %) et recevront de 2010 à 2016 une dotation progressivement diminuée chaque année. Le gain budgétaire net attendu de la mesure de convergence s'élèverait à 25 millions d'euros par an. »

Nous pouvons de manière factuelle relever les traditionnelles erreurs de perception de ce type de raisonnement :
- La notion de convergence, par excellence, a une dimension égalitaire particulièrement positive.
- La référence à l'équation tarifaire, fondée sur l'évaluation des besoins en termes d'accompagnement à l'autonomie, mais également en termes de soins, cette référence a, elle aussi, une dimension positive.
- Mais le concept de convergence n'est que peu ou pas applicable d'emblée aux EHPAD.
- Au regard des différents rapports que nous avons évoqués, des contraintes imposées aux établissements, de la reconnaissance nationale politique, des grandes institutions et des grands corps de l'État, des chercheurs en gérontologie, sur les insuffisances financières et budgétaires des établissements, tout cela rend inadéquate l'application de ce concept à ce type d'établissement.
- Manifestement, les expressions négatives de la quasi-totalité des fédérations, associations, mais également de la totalité des syndicats nationaux français, à la suite de la mise en application de la loi du 28 décembre 2015 relative à l'adaptation de la société au vieillissement, ont marqué en 2017 l'ensemble des Françaises et des Français qui commencent à comprendre les insuffisances notoires des moyens financiers accordés à ce type d'institution.
- S'il est nécessaire de faire en sorte que les moyens accordés soient les plus proches possible d'un département à l'autre, d'une région à l'autre, encore faut-il que cette

convergence porte vers le haut, et non pas vers la réduction des moyens des établissements peu pourvus vers des établissements encore moins pourvus.

La question du reste à charge est une préoccupation permanente depuis plusieurs années et ce rapport, comme d'autres rapports que nous avons évoqués, le met en avant.

Le rapport que nous évoquons ne manque pas de rappeler cette problématique.

En page 83, l'analyse est ainsi décrite :

« Ces mesures étant cependant largement insuffisantes à réduire les coûts, la mission recommande d'inciter les établissements à rechercher des solutions innovantes : mise à disposition gratuite de terrains par des collectivités publiques, standardisation des constructions à l'exemple de l'expérience tentée par le groupe Korian, choix de petites structures de plain-pied afin d'éviter les coûts prohibitifs d'installation et d'entretien d'ascenseurs, ou encore, mutualisation entre établissements géographiquement proches – qu'ils ressortent ou non du secteur médico-social – de certains services : sécurité, blanchisserie, cuisine centrale, informatique. Elle recommande également que la Caisse nationale de solidarité pour l'autonomie étudie les moyens par lesquels pourraient être simplifiées les diverses normes de sécurité et de construction sans réduire la qualité de l'accueil des résidents. »

Dans cette même page, la proposition officielle est la suivante :

« Proposition n° 9 : Interdire l'imputation des amortissements mobiliers et immobiliers des établissements d'hébergement pour personnes âgées dépendantes sur les prix de journée demandés aux résidents. »

L'explication en est parfaitement donnée :

« Considérant comme parfaitement injuste que les EHPAD imputent leurs charges d'amortissement sur leurs résidents à la différence de ce que font les établissements de santé sur leurs patients et constatant par ailleurs que les restes à charge en résultant pèsent le plus lourdement sur les budgets des personnes aux revenus médians, qui ne reçoivent aucune aide, la mission propose d'interdire à l'avenir l'imputation, sur les prix journaliers demandés aux résidents, des coûts des amortissements mobiliers et immobiliers des établissements, lesquels devront être pris en charge par la Caisse nationale de solidarité pour l'autonomie et par les collectivités sur le territoire desquelles est implanté l'établissement. »

Les propositions du rapport BONNE, les avancées proposées, permettent de mieux situer le débat.

Il s'agit du rapport n° 341 du Sénat dans le cadre de sa session ordinaire de 2017/2018 enregistré à la présidence du Sénat le 7 mars 2018, rapport d'information fait au nom de la commission des affaires sociales sur la situation dans les EHPAD, par M. Bernard BONNE, sénateur, pages 7 à 11.

Les propositions de ce rapport sont nombreuses.

Certaines constituent de véritables possibilités d'avancées spectaculaires et d'autres restent classiques.

En toute hypothèse, ces propositions s'ajoutent à toutes les autres propositions des différents rapports que nous avons pu évoquer.

Une des premières propositions permettrait effectivement de redonner du dialogue entre les partenaires spécialistes en matière d'EHPAD. Cette proposition est la suivante : effectuer « une enquête nouvelle sur les impacts de la réforme ».

En se donnant un calendrier précis, en refusant toute perte de temps inutile, en affirmant des prérequis précis, cette nouvelle enquête sur les impacts de la réforme permettrait effectivement de remettre autour de la table des acteurs profondément divisés et démotivés afin de pouvoir recentrer la réforme sur des exigences communes acceptables par toutes les parties ou à défaut sur des exigences seulement majoritaires.

Cette analyse est intelligemment poursuivie par une autre proposition dont nous donnons le contenu :

« Une concentration sur la diffusion des contrats pluriannuels d'objectifs et de moyens, en interrompant la mise en œuvre de la réforme tarifaire. Suivi au terme de la réalisation de ces contrats pluriannuels d'objectifs et de moyens de la reprise de cette réforme tarifaire. »

En ce sens, une possibilité existe, celle de prendre en considération la diversité des ressources financières des personnes âgées souhaitant entrer en institution.

C'est une proposition qui devrait et pourrait permettre aux établissements une adaptation de leurs tarifications liées naturellement à la diversité sociale des populations qu'ils reçoivent.

L'application de cette mesure devrait être exprimée de manière simple.

Cette mesure permettrait ainsi de faciliter l'entrée des personnes âgées en institution dans un regard adapté à leurs ressources financières.

Voici la proposition dont l'application gagnerait à être rapide :

« Accorder, dans un cadre législatif, les établissements à pratiquer des prix différenciés, en fonction du niveau de ressources des résidents, afin de diminuer le reste à charge des plus modestes. »

La refonte des outils d'appréciation des besoins des résidents aurait dû déjà être accomplie et permettre une véritable progression de la mesure exacte des moyens liés à leur état physique, psychologique et psychiatrique.

Il en est ainsi d'une des propositions de ce rapport qui tient compte naturellement des critiques établis notamment au niveau de l'appréciation du PATHOS.

Et plus précisément du PATHOS moyen pondéré.

Cette proposition gagnerait à être elle aussi d'application immédiate.

Au travers de l'énoncé de l'ensemble de ces propositions, nous voudrions attirer l'attention sur le fait que l'essentiel des réponses à apporter, des améliorations à valider, des modifications à favoriser est déjà évoqué dans les rapports que nous citons.

Les mauvaises volontés prédominent.

Les retards surchargent les réformes de qualité.

Les rapports que nous évoquons n'apportent que des améliorations secondaires, favorisant l'idée que même lorsque des réformes positives sont mises en place, il en est ainsi, par exemple, de la mise en place de l'outil PATHOS, elles ne sont perçues que dans une dimension restrictive, et même parfois critique.

Voici donc cette proposition :

« Substituer au PATHOS moyen pondéré un indicateur statistique susceptible de mieux traduire en équivalent temps plein les besoins thérapeutiques des résidents ».

Nous trouvons également une réflexion traditionnelle sur les missions du médecin coordonnateur fondée sur le maintien d'un consensus pour changer mais surtout augmenter les missions de ce médecin coordonnateur.

Voilà ce qu'en dit ce rapport.

Ce que nous pouvons constater c'est que cette réflexion est permanente, et devrait entraîner des réponses rapides, quel qu'en soit leur contenu.

En voilà une expression :

« Revoir les missions du médecin coordonnateur, avec notamment la capacité de prescription individuelle. Avec une priorité donnée au médecin coordonnateur pour une décision finale. Limiter la prescription de médecins libéraux extérieurs. Proscrire le cas de cumul de fonctions de médecin coordonnateur et de médecins traitants des résidents. »

Une autre proposition gagnerait à être mise en place régulièrement et aurait pu l'être depuis longtemps, favorisant ainsi une bonne articulation entre tous les soignants.

Cette proposition est la suivante :

« Prévoir une habilitation spécifique pour que les aides-soignants en EHPAD puissent pratiquer, par délégation, des actes infirmiers, notamment l'aide à la prise de médicaments ».

Dans la même direction, une autre proposition peut apparaître aller dans une bonne direction.

La voici :

Mettre en place des évaluations individuelles des besoins en soins et d'actes d'aide à l'autonomie de chaque résident, afin d'éviter les actes surabondants et d'optimiser le temps du personnel.

Une réflexion sur les temps de travail et, surtout les aménagements du temps de travail pourraient aider au bon fonctionnement des institutions.

Deux affirmations se trouvent dans ce rapport.

Les voici :

- Permettre aux EHPAD publics de procéder plus facilement à des aménagements du temps de travail et mettre en place des cycles de travail fondés sur des journées de 12 heures.
- Limiter le plus possible le recours au travail discontinu en EHPAD.

Ces réflexions sont déjà permanentes dans les établissements, et leur mise en application existe.

Là aussi, un travail rapide législatif et réglementaire permettrait de donner une bonne base de redynamisation à des structures dans lesquelles, parfois, des blocages et des difficultés de planning prennent largement le pas sur l'effectivité du travail à réaliser.

On peut rajouter des propositions qui peuvent aller dans la même direction :

- Accompagner le processus de mutualisation des infirmiers de nuit.
- Permettre aux médecins coordonnateurs d'accomplir des actes de télémédecine.

La réflexion sur le contenu des missions des EHPAD, au plan médical et paramédical ainsi que la question de la pharmacie à usage interne sont évoquées.

La proposition qui est faite nous apparaît extrêmement fondée.

La voici :

« Relancer l'expérimentation du développement des pharmacies à usage interne au sein des EHPAD. »

Cette question gagnerait à être introduite au sein du débat de l'option partielle et de l'option globale.

Un choix qui devrait relever d'un consensus entre chaque établissement et l'agence régionale de santé dont il relève.

Au regard des indications statistiques, au regard des modalités d'organisation et des possibilités de l'établissement d'accueil en son sein, par exemple, d'une pharmacie à usage interne, mais aussi d'assurer et d'assumer la maîtrise de proximité des dépenses médicales de tous les intervenants, médicaux et paramédicaux autres que salariés de l'institution, l'institution pourrait trouver un accord avec son agence régionale de santé pour la mise en application de l'option globale.

La position gouvernementale a été de fermer la porte de la possibilité de décision par les établissements eux-mêmes.

Ce qui n'est pas en tant que tel contestable.

Mais c'est ce qui a diminué fortement les possibilités de dialogue et les volontés de mise en application de cette option globale, dont les qualités se trouvent surtout dans la proximité de la maîtrise des dépenses de santé, proximité toujours favorable à une bonne réponse en termes de gestion.

Trois propositions vont dans le sens d'une meilleure offre en termes de dotations financières et confirment, s'il en était besoin, la reconnaissance de l'indispensabilité de moyens financiers complémentaires pour les EHPAD.

- Élever les crédits alloués au forfait autonomie.
- Relancer le débat sur la prise en charge financière de la dépendance, en intégrant cette politique de la dépendance au nombre des politiques de solidarité nationale, beaucoup plus que dans son lien avec le champ assuranciel.
- Prendre davantage en compte les conditions de ressources afin de maintenir une offre importante de places habilitées à l'aide sociale. Répartir clairement les rôles entre l'État et le département.

Voici les propositions du rapport du 14 mars 2018.

Il s'agit du rapport suivant :

- Commission des affaires sociales. Mission d'information sur les établissements d'hébergement pour personnes âgées dépendantes (EHPAD), PARIS, le 14 mars 2018. Examen des conclusions de la mission d'information sur les établissements d'hébergement pour personnes âgées dépendantes (EHPAD), Mmes Monique IBORRA et Caroline FIAT, rapporteures, document provisoire établi sous la responsabilité du secrétariat de la commission des affaires sociales.

Selon la même démarche qui nous a animés jusqu'à présent, nous sélectionnerons un certain nombre de propositions très révélatrices des demandes des établissements sur le sujet de leur fonctionnement.

La démarche doit surtout pouvoir faire prendre conscience que dans le domaine des propositions, nombreuses sont celles qui apparaissent importantes, souvent essentielles, partagées par l'ensemble de la profession.

Leur mise en place reste toujours compliquée et complexe.

Laissant ainsi un doute sur la volonté des auteurs de ce rapport de faire en sorte de pousser les majorités politiques en place à adopter le plus grand nombre de leurs propositions, souvent bien fondées.

Une proposition claire a été émise sur la question des effectifs du personnel des EHPAD.

Voici ce qui est indiqué en page 31 et en page 32 du rapport :

« Pour les rapporteures, un ratio "toutes catégories de personnel confondues" n'est donc pas pertinent et il faut se concentrer sur le personnel au chevet du résident, c'est-à-dire, dans le modèle actuel, les infirmiers et les aides-soignants. Selon l'ensemble du personnel interrogé par les rapporteures, le temps moyen qu'il est nécessaire de consacrer au résident serait d'au moins une heure et demie par jour : une demi-heure pour la toilette, une demi-heure pour le repas, les temps consacrés aux nombreux transferts, à l'incontinence, aux chutes, etc. et à un peu de lien social. Ce calcul ne tient pas compte du temps nécessaire aux transmissions entre soignants ou aux échanges avec les aidants. C'est sur cet objectif d'une heure et demie par résident et par jour qu'il faut s'appuyer.

La proposition faite dans ce rapport est donc la suivante :

– Proposition n° 1 : « Rendre opposable une norme minimale d'encadrement en personnel "au chevet" (aides-soignants et infirmiers) de 0,6 (soit 60 ETP pour 100 résidents), dans un délai de quatre ans maximum, ce qui revient à doubler le taux d'encadrement actuel ».

Au développement des effectifs du personnel, peuvent se rajouter des compléments de propositions permettant la réalisation et l'aboutissement du processus d'évolution positive de ces effectifs.

La troisième proposition et la quatrième proposition sont également intéressantes.

Nous les trouvons exprimées en page 33 :

- Proposition n° 3 : « Actualiser les compétences des aides-soignants et réfléchir à une revalorisation de leur statut. »
- Proposition n° 4 : « Mettre en place un grand plan national de communication sur les métiers de la filière gérontologie. »

Le souhait de trancher la question des missions et des futures missions du médecin coordonnateur des EHPAD est, ici aussi, évoqué.

Une nouvelle proposition intéressante est indiquée en page 34 :

- Proposition n° 5 : « Donner un véritable droit de prescription au médecin coordonnateur, tout en augmentant son temps de présence en EHPAD. »

Nous connaissons tous à la fois l'importance du rôle du médecin coordonnateur dans nos institutions, mais également les limites de son activité.

Nous connaissons tous également la difficulté de coordonner l'action et l'intervention des médecins libéraux traitants au sein de nos institutions.

Nous mesurons tous la difficulté d'insertion dans le dossier médical informatisé des données médicales dont dispose le médecin traitant référent libéral de la personne âgée.

Nous mesurons tous le pouvoir limité du médecin coordonnateur à l'égard des autres médecins intervenants.

Nous connaissons tous l'importance pour les médecins y compris dans nos institutions de pouvoir assurer ce qui est leur mission essentielle traditionnelle : la prescription médicale.

Nous connaissons tous parfaitement les carences quantitatives des médecins libéraux et la difficulté d'en trouver à la fois dans les petites communes où sont implantées les institutions, mais également en ville et notamment dans les villes moyennes, dans lesquelles les médecins référents libéraux sont souvent débordés.

Nous savons tous combien le corps médical est aujourd'hui devenu une denrée rare dans notre pays.

Et l'ensemble de ces indications est connu depuis des années.

C'est pour cela que l'application de cette proposition et la rapidité de sa mise en place permettaient de faciliter le fonctionnement institutionnel et peut-être même d'assurer la maîtrise des dépenses de santé sur le sujet.

Une autre notion est développée, bien peu évoquée habituellement mais qui pourtant présente un caractère particulièrement important ; c'est celle de la recherche d'un confort minimum.

Autre proposition, la neuvième, dans le cadre de ce rapport, que nous trouvons en page 43 :

- Proposition n° 9 : « Mettre en œuvre un plan de rénovation permettant de mettre en conformité les établissements qui ne répondent pas aux standards de confort minimum. »

En page 43, une affirmation nous apparaît essentielle et touche à la question de la qualité et de l'évaluation : une histoire à rebondissements permanents.

Nous la citons intégralement :

« Enfin, la qualité des EHPAD doit être mieux contrôlée et certifiée, et rendue publique. »

Cette affirmation ne semble pas avoir connu une opposition des EHPAD et devrait permettre de véritables comparaisons et donner de véritables informations sur le fonctionnement d'un établissement.

Pour l'évaluation, il y a consensus sur le besoin d'une amélioration de cette procédure, consensus qui interpelle sur l'absence de transformation de la nature et du contenu de cette évaluation ainsi que du sérieux des intervenants.

Voici la proposition que nous trouvons en page 44 du rapport que cette affirmation prend la forme d'une proposition :

> - « Proposition n° 11 : Réformer la procédure d'évaluation externe des EHPAD, en prévoyant la mise en place d'une véritable certification, et la publication d'indicateurs de qualité pour chaque établissement. »

Une proposition est en phase avec nos réflexions et confirme le besoin d'une réflexion suivie d'actions immédiates et efficaces : la simplification des normes.

Rien ne pouvait nous faire plus plaisir que la proposition n° 12, exprimée en page 47 et dont nous allons essayer de développer le contenu dans le cadre bien sûr du rapport ci-dessus cité :

> – Proposition n° 12 : « Créer un comité de simplification des normes en EHPAD (normes architecturales, hygiène, sécurité, risques climatiques et sanitaires notamment) associant les usagers et les établissements. »

Cette proposition a été précédée de cette courte mais ambitieuse analyse :

« La question de la qualité de l'alimentation invite rapidement à une réflexion plus générale autour du poids des normes en EHPAD : de nombreux établissements ont évoqué le poids des normes très strictes sur le plan de la sécurité sanitaire, souvent inadaptées aux besoins et aux envies des résidents. "En EHPAD, on ne peut plus mourir de rien, sauf d'ennui", a confié une directrice d'EHPAD aux rapporteures. »

Un élément crucial est évoqué dans ce rapport, et nous le citons dans son intégralité, car nous l'expérimentons nous-mêmes.

Il s'agit d'un véritable appel au niveau ministériel pour une évolution dans la prise en considération des innovations au sein des établissements.

Nous trouvons exprimé cela en page 47, 48, 49 et 50.

Nous insistons sur le fait que nous sommes en train nous-mêmes de lancer une opération départementale, en collaboration avec un service du Centre hospitalier régional de Nice, sur la possibilité de la mise en place, à l'intérieur du plan pluriannuel d'investissement, d'un plan pluriannuel d'innovation.

Il s'agit là bien sûr d'une expérimentation. Mais cela permet de mesurer l'importance de ce type de réflexions que nous vous livrons.

Voici ce que précise donc ce rapport dans les pages ci-dessus indiquées :

Favoriser l'innovation technique et organisationnelle.

a. Mieux intégrer les technologies

Les EHPAD doivent également être accompagnés dans leur équipement en nouvelles technologies, avec pour objectif d'améliorer le confort des résidents.

Ces technologies peuvent également améliorer les conditions de travail des salariés, en leur évitant notamment au maximum le port de charges : ainsi, l'Institut national de recherche et de sécurité pour la prévention des maladies professionnelles et des accidents du travail, auditionné par les rapporteures, recommande une nouvelle approche avec la suppression du port de charge dans les « manutentions » en intégrant les aides techniques (dispositifs d'aide au transfert en particulier) dans l'activité de soins. Sur le terrain, les EHPAD peuvent être accompagnés par les CARSAT (caisses régionales d'assurance retraite et de la santé au travail) dans la mise en œuvre d'une stratégie de prévention des risques professionnels incluant ces aides techniques.

Sans faire de la technologie l'alpha et l'oméga de la prise en charge, ni se laisser abuser par le côté « gadget » de certains produits, il faut encourager l'acquisition de certaines technologies dont l'utilité est reconnue.

Lors de leurs déplacements, les rapporteures ont notamment pu observer les progrès qui ont pu être faits en matière de domotique dans certains EHPAD, comme l'installation de chemins lumineux déclenchés grâce à des détecteurs de mouvement, des sols intelligents détectant les chutes ou des rails de portage au-dessus des lits des résidents.

À l'EHPAD des Magnolias (Ballainvilliers), un « patch antichute » a, par exemple, été mis en place. Les rapporteures ont aussi pu rencontrer, à l'EHPAD de Bellissen (Foix), les entrepreneurs participant à la pépinière d'entreprises héberger au sein de l'EHPAD et développant in situ, en collaboration avec l'équipe médicale, des nouvelles technologies destinées aux personnes âgées dépendantes.

Les rapporteures ont donc pu observer comment de nombreuses actions positives en termes d'organisation ou de technologie sont imaginées sur tout le territoire pour améliorer la vie dans les EHPAD. Elles regrettent d'autant plus le fait que ces innovations ne soient pas suffisamment portées par le système institutionnel, en raison d'un cloisonnement excessif, alors qu'il devrait au contraire en être le principal soutien.

En cela, l'exemple danois est éclairant : la mairie de Copenhague a expliqué aux rapporteures que l'innovation en EHPAD était l'une de ses priorités en matière de vieillissement. Elle promeut un ensemble de technologies, allant des technologies destinées à faciliter le transport du lit (à la fois pour les personnes mais aussi pour le personnel) aux capteurs de chutes ou à des machines d'entraînement des épaules.

En France, la CNSA a apporté son soutien de 2011 à 2014 à la création de Centres d'expertise nationaux sur les aides techniques (CEN-AT), mais ce soutien ne semble pas avoir porté ses fruits et les EHPAD sont aujourd'hui insuffisamment accompagnés et informés dans leurs démarches d'acquisition d'innovations.

La mairie de Copenhague a mis en place de longue date un tel centre, et des établissements de la commune ont pu témoigner que ce type de structures apportait une véritable valeur ajoutée dans la diffusion des dispositifs techniques.

Et ces affirmations sont ainsi complétées.

– Proposition n° 13 : « Créer un centre national chargé d'évaluer et de labelliser les nouvelles technologies utilisables à domicile et dans les EHPAD et mettre en place une plateforme de location de ces nouvelles technologies à destination des établissements. »

b. Mieux organiser l'innovation et les expérimentations

Les rapporteures ont pu constater sur le terrain qu'un grand nombre d'expérimentations étaient menées sur le territoire sur des sujets très différents et parfois bien balisés (la présence d'infirmières de nuit, la télémédecine). Ces expérimentations durent parfois depuis des années sans qu'à aucun moment, un dispositif de pérennisation n'ait été prévu. Elles prennent parfois fin brutalement lorsque les financements sont interrompus, laissant les gestionnaires et les professionnels exaspérés de l'inutilité de leurs efforts.

La multiplicité des acteurs et des financements (CNSA, fonds d'intervention régional géré par l'ARS ou département) rend l'ensemble illisible sans qu'aucun acteur national ne soit en mesure de recenser tous les dispositifs et d'en faire le bilan.

Les rapporteures s'interrogent également sur les éventuels effets négatifs des mécanismes de fléchage des financements vers l'expérimentation, notamment au sein des sections budgétaires « étanches » de la CNSA. En effet, certains établissements ou services semblent proposer sous forme de réponse à un appel à projets des expérimentations qui devraient, au regard de leur contenu, relever d'un financement pérenne.

Les rapporteures estiment donc qu'il faut revoir en profondeur le cadre des expérimentations et des appels à projets. Il est en effet très surprenant que la CNSA ou les ARS laissent courir des expérimentations pendant cinq ans sans qu'à aucun moment ne soit engagé le processus administratif et financier de leur éventuelle pérennisation, voire de leur généralisation lorsque les résultats sont particulièrement concluants.

Cela révèle une double lacune :

– les mécanismes d'évaluation pourtant associés aux expérimentations ne sont pas suffisamment performants et certaines expérimentations tournent « à vide » ; si elles sont utiles dans les établissements où elles sont mises en place, leur vocation est qu'on en tire des leçons au plan régional ou national ;

– les expérimentations, parfois très structurantes dans le domaine du vieillissement, sont menées sans que ne soit pensé très en amont le cadre financier nécessaire à leur généralisation ; or, ce système crée des impasses puisque les établissements expérimentateurs prolongent au maximum le cadre provisoire financé sur des fonds dédiés et disponibles, de peur qu'aucune solution pérenne ne puisse être mise en œuvre.

Les rapporteures proposent que la CNSA se dote, avant de la diffuser aux ARS, d'une doctrine plus « cadrée » des expérimentations, assortie d'une programmation particulièrement rigoureuse de l'évaluation et de la construction d'un projet de généralisation en vue de fluidifier le passage du stade expérimental à des dispositifs plus pérennes.

La CNSA est à cet égard l'acteur le plus approprié compte tenu de son approche globale et de ses bonnes relations avec l'ensemble des interlocuteurs. C'est aussi l'organisme dont les financements sont les plus cloisonnés : elle a donc intérêt à anticiper cette transition au plus tôt pour pouvoir proposer des pistes de financement, qui lui incomberont bien souvent en définitive.

Les propositions en ce sens se poursuivent ainsi :

- Proposition n° 14 : « Construire sous l'égide de la CNSA un cadre relatif aux expérimentations permettant de définir très tôt la phase d'évaluation et un éventuel projet de généralisation. »

La nouvelle gouvernance devrait en permanence veiller à promouvoir les nouvelles technologies et à simplifier les normes en vue de favoriser l'innovation.

En rencontrant de nombreux entrepreneurs qui proposaient de nouvelles technologies en faveur du « bien vieillir », les rapporteures ont cependant constaté qu'ils rencontrent de nombreux obstacles sans lien avec l'intérêt relatif de leur offre technique, par exemple, en matière de télémédecine.

Il faudrait donc ouvrir plus largement les possibilités de faire évoluer le cadre réglementaire – qui peut se révéler volontairement ou involontairement « protectionniste » à l'égard de nouvelles solutions – mais aussi le cadre technique, car les limites se situent parfois au niveau des systèmes d'information.

Cette tâche relève plutôt de la DGCS, à la fois en raison de sa compétence générale en matière de définition du cadre juridique mais aussi de sa dimension interministérielle, notamment en lien avec la Direction de la sécurité sociale, la Direction générale de la santé et la Direction générale de l'offre de soins.

En conséquence, une autre proposition se rajoute :

- Proposition n° 15 : « Piloter au niveau de l'administration centrale une stratégie pragmatique de simplification technique et réglementaire en faveur des nouvelles technologies. »

En page 51, une nouvelle proposition nous permet effectivement de montrer la perception générale que peuvent avoir les élus sur le type d'établissement.

Cette proposition pourrait permettre de prendre en charge véritablement les personnes âgées concernées par le type d'hébergement.

Et cela permettrait également une appréciation meilleure des besoins en effectifs et des besoins ordinaires organisationnels que devraient avoir nos établissements.

Voici la proposition évoquée :

- Proposition n° 16 : « Encourager la création d'établissements entièrement dédiés à la prise en charge de la maladie d'Alzheimer. »

En page 57, nous trouvons une proposition complémentaire et particulièrement intéressante :

- Proposition n° 17 : « Augmenter le nombre des places d'hébergement temporaire, programmé ou d'urgence, et d'accueil de jour. »

En page 81, nous pouvons citer une proposition particulièrement intéressante sur un autre thème : le reste à charge, question fondamentale, à travers le concept de transfert de charges.

La voici d'abord sous sa forme de proposition :

- Proposition n° 31 : « Organiser un transfert de charges depuis le forfait hébergement vers les deux autres forfaits socialisés en vue de diminuer le reste à charge. »

En voici le détail :

« Pour les rapporteures, la base d'une réforme de ce mode de fonctionnement doit être la distinction entre ce qui reste à la charge du résident et ce que les différents financeurs publics prennent en charge. Au terme de cette réflexion, il conviendra sans doute de revenir sur l'idée même d'une architecture en trois forfaits. Ne sous-estimant pas l'ampleur d'un tel chantier, les rapporteures souhaitent dans un premier temps, à structure constante, que soient apportées des améliorations notables en termes de reste à charge pour l'ensemble des résidents.

Une telle évolution nécessite de transférer certains postes aujourd'hui financés par le résident sur la section "hébergement" vers les sections qui bénéficient de financements publics. Il pourrait s'agir, par exemple, des dépenses d'animation et d'une partie des dépenses d'administration générale et d'amortissement de l'immobilier.

Si ces transferts entraînent des déséquilibres entre financeurs publics, il sera tout à fait possible d'ajuster également ce que financent les sections "dépendance" et "soins" en transférant des postes actuellement cofinancés ».

De rapport en rapport, on ne peut pas ne pas citer les propositions du rapport RICORDEAU[65].

Dans ce rapport, de nombreuses propositions sont mises en avant.

Nous allons en exprimer certaines d'entre elles.

La répétitivité de ces propositions et la multiplicité des rapports, depuis des années, doivent être analysées au

---

[65] Inspection générale des affaires sociales, « Relevé des échanges et propositions de la mission de médiation sur la mise en place de la réforme de la tarification dans les Établissements d'hébergement pour personnes âgées dépendantes (Ehpad) ». Rapport – avril 2018 – n° 2018-023R, établi par Pierre RICORDEAU, membre de l'Inspection générale des affaires sociales avec l'appui de Younès BOUIH, stagiaire.

regard des insuffisances permanentes des moyens financiers des EHPAD.

La notion de convergence tarifaire est évoquée en page 31 de ce rapport, dans le cadre d'une des recommandations.

La proposition est ainsi énoncée :

- Recommandation n° 1 : « Mettre en place une mesure de neutralisation temporaire des effets les plus importants de la convergence à la baisse sur les années 2018 et 2019 en concertation avec les départements. »

Cette proposition est complétée par la recommandation en page 33.

- Recommandation n° 2 : « Garantir la capacité des départements à mettre en place des crédits complémentaires "dépendance" sans impacter l'équation tarifaire et la convergence associée. »

Une approche est partagée depuis longtemps : à la recherche de l'application et du développement de la notion de prévention.

Parmi les orientations développées dans ce rapport, il y a bien entendu la grande question, souvent revenue sur le devant de la scène, qui est celle de l'appréciation des efforts de prévention réalisés par les établissements.

La question de la prévention est mise en avant notamment en page 36 :

- Recommandation n° 8 : « Trouver les moyens d'intégrer la prévention dans le dispositif de tarification. »

En page 35 et 36, voilà ce qui est précisé :

« Les travaux techniques réalisés pour le comité scientifique AGGIR/PATHOS ont abouti à la construction d'une nouvelle grille qui est censée répondre aux critiques principales sur sa construction notamment autour des activités de prévention. Il s'agit maintenant de voir comment cette nouvelle grille peut être intégrée d'une façon ou d'une autre à la tarification.

La question de la prévention doit clairement être priorisée dans cet exercice. Elle répond au besoin de sens exprimé par le secteur et elle s'inscrit parfaitement dans la stratégie nationale de santé. La ministre des Solidarités et de la Santé a d'ores et déjà intégré les EHPAD dans le plan national de santé publique adopté par le comité interministériel de la santé du 26 mars 2018.

Est-il possible, et dans quelles conditions budgétaires, d'intégrer l'activité de prévention dans le mécanisme tarifaire lui-même, soit dans l'équation, soit via un forfait spécifique ? »

Revient dans ce rapport, la vénérable question des options.

La question du tarif global et de son application dans les établissements revient à nouveau.

Elle est ainsi exprimée, en page 36 :

- Recommandation n° 9 : « Ouvrir les périmètres de responsabilisation des EHPAD sur les dépenses de soins soit par le tarif global soit dans le cadre de périmètres expérimentaux dans le cadre de l'article 51 de la LFSS pour 2018. »

Voilà ce qui est complété en page 36 sur cette question de la tarification globale en matière de soins :

« Depuis plusieurs années, le tarif global n'est accessible que de manière très limitée aux établissements. Les études financières ont en effet montré qu'il avait été calibré à un niveau assez élevé et que son extension pouvait conduire à une majoration des coûts.
Sans remettre en cause cette analyse, il reste que le principe du tarif global, qui permet à l'établissement de mieux organiser les soins, notamment en recourant à du personnel salarié, répond à la logique de responsabilisation qui est généralement recherchée pour les gestionnaires d'établissement. Le tarif global permet également les logiques de fongibilité qui sont aujourd'hui nécessaires pour augmenter les moyens sur certains types de prise en charge tout en compensant cette augmentation par une économie liée à la rationalisation du recours à d'autres types de soins. »

La question de tarification de l'hébergement revient régulièrement.

Les discours sont parfois différents, mais l'orientation est souvent la même.

Voilà ce que ce rapport mentionne tout d'abord en termes de recommandations, en page 37 :

- Recommandation n° 10 : « Discuter des règles de bonne conduite dans la fixation des tarifs "hébergement" pour les établissements habilités à l'aide sociale et envisager un crédit complémentaire spécifique à l'analyse sont précédemment ainsi exprimés en page 36 et 37 ».

« Il semble au médiateur que la discussion de "règles de bonne conduite" dans les exercices de fixation des tarifs hébergement pourrait être engagée entre les départements et les établissements habilités à l'aide sociale afin d'éviter les tarifications anormalement basses ou trouver des modalités de neutralisation. Dans les faits, ce type de neutralisation pouvait exister avant la réforme tarifaire. Des équilibres étaient trouvés entre des tarifs "hébergement" très maîtrisés en échange d'une plus grande souplesse sur le financement des dépenses liées à la dépendance. Ces "arrangements" ne sont plus possibles dans le cadre de l'équation tarifaire "dépendance" mais la question de la contrainte sur les tarifs "hébergement" et des charges particulières liées à l'accueil de résidents bénéficiant de l'aide sociale subsistent pour une mission qui présente un caractère d'intérêt public. »

La question d'une forme de « crédit complémentaire » versé à l'établissement dans le cadre de l'hébergement pourrait se poser.

Cette réflexion doit également intégrer la stratégie relative aux investissements en prenant en compte notamment l'appui que les autorités publiques, notamment la CNSA, peuvent apporter à l'investissement dans les établissements habilités à l'aide sociale.

Voici ce qu'il rajoutait en page 38 :

« Doit-on parler de "déshabilitation", de "modulation des tarifs" ? Quelles modulations sont juridiquement possibles et dans quel cadre juridique ? Quelles conséquences sur les avantages réservés aux établissements habilités ? Comment moderniser le dispositif sans perdre de vue l'objet social de l'habilitation et la mission d'intérêt public qui est confiée à l'établissement habilité ? Ces questions sont certes juridiques mais également très politiques et pourraient faire l'objet d'un groupe de travail ad hoc. »

Le rôle du médecin coordonnateur et sa capacité de voir entrer dans ses missions la mission de prescription médicale sont à nouveau évoqués dans ce rapport en page 38.

« Cette thématique renvoie à la question du médecin coordonnateur et à son pouvoir de prescription (cf. 4.3.3.2). Elle a d'ores et déjà été posée par la ministre des Solidarités et de la Santé et dans les rapports parlementaires. Les mesures qui permettront de renforcer le rôle du coordonnateur dans la prise en charge médicale des résidents, notamment sa capacité à prescrire, sont clairement de nature à faciliter l'organisation interne des EHPAD et améliorer l'accompagnement des résidents. Ce sont des mesures attendues et importantes. Bien sûr, une réflexion pour assurer la prise en charge des missions du médecin coordonnateur dans l'ensemble des établissements devrait accompagner ces mesures afin de répondre aux situations actuellement constatées de l'absence de coordonnateur. Elles peuvent avoir d'autant plus de force si elles sont couplées avec un élargissement des périmètres du tarif soins comme évoqué plus haut. »

- Recommandation n° 12 : « Donner un rôle accru au médecin coordonnateur en lui accordant un pouvoir de prescription et faciliter l'exercice de la mission de coordination dans l'ensemble des établissements. »

Cette situation peut aboutir à une diminution des hospitalisations qui reste une préoccupation sanitaire majeure.

La question de la recherche de la diminution des hospitalisations est également développée, avec une intensité qui reste permanente dans l'ensemble des rapports que nous avons pu évoquer, et cela est indiqué en page 39 du rapport :

- Recommandation n° 13 : « Encourager, accompagner ou inciter en contractualisant pour que l'ensemble des appuis sanitaires et sociaux aux EHPAD soit effectivement mobilisé par les établissements et éviter au maximum les hospitalisations. »

À nouveau apparaît cette revendication de simplifications des règles.

C'est en page 40 que nous trouvons une recommandation particulièrement adaptée à notre sujet.

Voici d'abord cette recommandation telle qu'elle est énoncée globalement :

- Recommandation n° 15 : « Mettre en place un chantier de simplification des règles. »

Il est important de relever l'explication qui est donnée en préalable de cette recommandation.

Et nous sommes toujours en page 40 :

« Engager un chantier de simplification des règles et d'ajustement des normes.
Beaucoup d'exemples de complexités et de normes excessives ont été cités par différents acteurs dans le cadre des échanges menés (cf. 2.8, 4.4). Le secteur des EHPAD n'est certes pas le seul dans lequel complexité et normalisation sont mises en cause et il n'appartenait pas au médiateur d'en conduire l'expertise. Deux éléments conduisent néanmoins à retenir ce sujet comme un sujet intéressant de travail pour accompagner la réforme.
Le premier a trait au contexte tarifaire des EHPAD. Peu de secteurs fonctionnent avec des mécanismes financiers qui sont objectivement aussi complexes : 3 sections tarifaires, deux autorités de tarification, 4 sources de financement (ARS, département du siège, autres départements, résidents), des règles qui sont pour partie nationales mais non pas pour partie départementales. Ces mécanismes complexes s'appliquent dans le cadre d'établissements qui disposent de structures administratives très petites, en particulier dans le secteur public et auprès d'équipes de tarification dans les conseils départementaux et les ARS qui sont elles-mêmes réduites.
Il y a donc un fort intérêt collectif à travailler à la simplification dans un tel contexte. On a déjà évoqué la question particulière de l'EPRD mais les processus liés à la facturation aux résidents et aux départements hors siège ou certaines règles liées à l'aide sociale départementale (la question du traitement des absences qui peut différer sensiblement d'un département à l'autre avec un encadrement législatif et réglementaire peu clair a été, par exemple, souvent citée) pourraient être travaillés dans le cadre d'opérations de "simplification" telles que celles qui sont conduites régulièrement sous l'égide de l'ancien

SGMAP et de la nouvelle délégation interministérielle à la transformation publique. »

Une note de bas de page, en page 40, nous permet de mieux comprendre les difficultés de la réflexion sur les normes :

Des travaux sur la normalisation ont été lancés dans le cadre du conseil de la CNSA à partir de 2008 et jusqu'en 2015 dans le cadre d'une commission « normes et moyens ». Il ne semble pas que ces travaux se soient poursuivis dans les dernières années. Ils étaient par ailleurs centrés sur les normes techniques.

En page 42, la question de l'absentéisme est posée :
- Recommandation n° 17 : « Mettre en place un groupe de travail pour bien mesurer les coûts de l'auto-assurance des arrêts maladies dans le secteur public et identifier les voies d'un accompagnement du secteur pour réduire l'absentéisme et optimiser son financement. »

Un récent rapport concernant la démarche d'évaluation faite de nouvelles propositions, sérieuses mais abondantes[66].

17 propositions sont affirmées.

---

[66] Assemblée nationale, « Mission d'évaluation et de contrôle des lois de financement de la sécurité sociale », Paris, le 24 juillet 2018, « Projet de rapport d'information sur l'évolution de la démarche qualité au sein des EHPAD et de son dispositif d'évaluation », présenté par Mme Annie VIDAL.

Certaines propositions peuvent être d'application plus difficile.

Il en est ainsi de la proposition n° 15 : « Renforcer la place dans le dispositif d'évaluation des critères relatifs à la prise en charge de la fin de vie pour une plus grande reconnaissance de cette mission. »

- Proposition n° 12 : « Identifier dans chaque EPHAD un référent qualité, issu de l'équipe, et lui proposer un plan d'acquisition de compétences dans le domaine de la gestion et du management de la qualité. »

Certaines peuvent être d'application facile.

Il en est ainsi, par exemple, de la proposition n° 17, ou bien de la proposition n° 11

- Proposition n° 17 : « Publier les évaluations externes sur le site de la CNSA et des ARS, ainsi qu'une synthèse simple et accessible à tous les publics. »
- Proposition n° 11 : « Imposer la transmission du rapport d'évaluation externe des établissements évalués, sous format numérique, aux autorités de tutelle et à la HAS. »

D'autres propositions vont dans le sens de la simplification, et peuvent apparaître effectivement comme le commencement d'une réflexion nouvelle qui troublerait la complexité actuelle des fonctionnements institutionnels.

Il en est ainsi d'une proposition ainsi émise :

- Proposition n° 3 : « Proposer aux établissements un outil d'usage simple pour réaliser un "macro diagnostic" afin de cibler des axes d'amélioration. »

Ce que nous pouvons évoquer en conséquence doit être exprimé avec prudence.

Bien entendu, il ne s'agit pas de vouloir tout simplifier et empêcher ce droit d'expression diversifié, car comme nous le constatons, certains éléments des rapports sont similaires, mais qu'il peut exister des différences dans les orientations à venir fixant les évolutions futures des EHPAD.

En toute hypothèse, et nous n'avons pas été suffisamment exhaustifs dans notre démonstration, tant les rapports sont encore plus nombreux que ceux que nous avons cités, il apparaît évident qu'une dizaine de propositions pourrait être retenue et permettre des avancées spectaculaires sur le fonctionnement des EHPAD.

Ces évolutions sont pratiquement aujourd'hui au niveau d'un consensus.

C'est ce que nous avons évoqué dans un autre chapitre.

Bien entendu, cet élément de simplification des orientations des EHPAD ne doit pas être compris comme étant un blocage, une fermeture d'esprit, à l'égard de toutes les réflexions qui pourraient être développées pour l'avenir de ces institutions.

Mais que de temps perdu !

Mais que de phrases pour rien !

Mais que de pages écrites sans que les conséquences n'en soient au moins partiellement tirées !

S'il n'y avait pas eu cette souffrance du personnel, des résidents, des familles, qui s'additionnent et créent un climat souvent conflictuel, malgré les efforts des institutions, nous aurions pu dire que nous évoluons progressivement, et d'une manière extrêmement respectable en faveur des personnes âgées hébergées.

Mais tel n'est pas le cas !

On ne peut pas négliger également que ces recommandations nombreuses sont souvent coûteuses.

Notre analyse sur les recommandations de bonnes pratiques professionnelles nécessite une explication préalable.

Cette explication tient en plusieurs prérequis qu'il nous apparaît important d'évoquer.

En aucune manière, la qualité de ces différentes recommandations ne sera remise en cause.

La qualité de ces recommandations et de leurs rédacteurs, de leurs experts, ainsi que le caractère universitaire et scientifique des analyses sont clairement reconnus.

Il reste que leur abondance, la multiplication des recommandations elles-mêmes, et leur adaptation au sein des structures dont le manque de moyens est nationalement connu, peuvent permettre effectivement de comprendre ce que signifie l'abondance de normes, de bonnes pratiques, de recommandations, et d'obligations ou d'exigences diverses, qui naturellement entravent la bonne perception des limites des établissements d'hébergement pour personnes âgées dépendantes.

Un bref rappel quantitatif et sans exhaustivité peut être rappelé.

On peut citer ainsi quelques recommandations aux qualités certaines mais dont l'application reste difficile.

- Juin 2011 : La qualité de vie, 4 recommandations.

Le volet n° 1 était ainsi intitulé : « De l'accueil de la personne à son accompagnement ».

Il comprend 76 pages.

Le deuxième volet touchait à l'organisation du cadre de vie et à la vie quotidienne.

Il comprend 64 pages.

Le troisième volet concernait la vie sociale des résidents en EHPAD.

Il comprend 70 pages.

Le quatrième volet évoquait l'impact des éléments de santé sur la qualité de vie.

Cette dernière partie, ce dernier volet, comprend 114 pages.

- Février 2012 : Évaluation interne

« L'évaluation interne : repères pour les établissements d'hébergement pour personnes âgées dépendantes. »

108 pages étaient rédigées sur le sujet.

- Mars 2018 : Maladies neurodégénératives

Il s'agit là d'une fiche – repère de mars 2018.

Elle comprend 18 pages.

Le titre exact est : « Adapter la mise en œuvre du projet d'établissement à l'accompagnement des personnes âgées atteintes d'une maladie neurodégénérative en EHPAD », mars 2018.

Le préalable de la nature des recommandations est important à relever dans le sens d'une bonne appréciation de leur application.

Voici ce qui est exprimé dans l'une de ces recommandations :

« Les recommandations de bonnes pratiques professionnelles sont des repères, des orientations, des pistes pour l'action destinée à permettre aux professionnels de faire évoluer leurs pratiques pour améliorer la qualité des prestations rendues aux usagers et de mettre en œuvre la démarche d'évaluation. Elles ne sont ni des dispositions réglementaires, ni un recueil des pratiques les plus innovantes et ne sont pas à prendre en tant que telles comme un référentiel d'évaluation pour le secteur social et médico-social. Elles représentent l'état de l'art qui fait consensus à un moment donné. Une pratique n'est pas bonne dans l'absolu. Elle l'est par rapport à un objectif à atteindre, dans un contexte donné et à un moment donné, en fonction des connaissances existantes. Si elle cible des pratiques précises, une recommandation n'a pas pour but d'apporter des solutions, clés en main. »[67]

Il y a, pourtant, une ambiguïté sur le sujet des références juridiques aux recommandations de bonnes pratiques professionnelles.

On peut s'interroger sur la réelle nature de ces recommandations de bonnes pratiques professionnelles, en observant dans un article du code de l'action sociale et des familles relatif aux besoins d'évaluation des établissements, et qui fait référence, sans pour autant en donner un caractère obligatoire et normatif, au contenu de ces recommandations :

Article L. 312-8

- Modifié par Loi n° 2017-1836 du 30 décembre 2017 – art. 72 (V).

Les établissements et services mentionnés à l'article L. 312-1 procèdent à des évaluations de leurs activités et de la qualité des prestations qu'ils délivrent, au regard notamment de procédures, de références et de recommandations de bonnes pratiques professionnelles validées ou, en cas de carence, élaborées, selon les catégories d'établissements ou de services, par la Haute Autorité de santé mentionnée à l'article L. 161-37 du code de la sécurité sociale. Les résultats des évaluations sont communiqués à l'autorité ayant délivré l'autorisation. Les établissements et services rendent compte de la démarche d'évaluation interne engagée. Le rythme des évaluations et

---

[67] Recommandation sur la qualité de vie en EHPAD, l'organisation du cadre de vie et à la vie quotidienne. Juin 2011. Pages 8 et 9.

les modalités de restitution de la démarche d'évaluation sont fixés par décret.

Les recommandations obéissent à des règles strictes.

Voici ce qui est précisé pour la Haute autorité de santé.

Article L. 161-37

- Modifié par Loi n° 2017-1836 du 30 décembre 2017 – art. 72 (V).

La Haute Autorité de santé, autorité publique indépendante à caractère scientifique, est chargée de :

1° Procéder à l'évaluation périodique du service attendu des produits, actes ou prestations de santé et du service qu'ils rendent, et contribuer par ses avis à l'élaboration des décisions relatives à l'inscription, au remboursement et à la prise en charge par l'assurance maladie des produits, actes ou prestations de santé ainsi qu'aux conditions particulières de prise en charge des soins dispensés aux personnes atteintes d'affections de longue durée. À cet effet, elle émet également un avis sur les conditions de prescription, de réalisation ou d'emploi des actes, produits ou prestations de santé ainsi que sur leur efficience. Elle réalise ou valide notamment les études médico-économiques nécessaires à l'évaluation des actes mentionnés aux articles L. 162-1-7-1 et L. 162-1-8 et des produits et technologies de santé. Un décret en Conseil d'État précise les cas dans lesquels cette évaluation médico-économique est requise, en raison notamment de l'amélioration du service attendu de l'acte, de l'amélioration du service médical rendu par le produit ou la technologie et des coûts prévisibles de son utilisation ou prescription, et les conditions dans lesquelles elle est réalisée, notamment les critères d'appréciation et les délais applicables ;

1° bis Élaborer ou mettre à jour des fiches sur le bon usage de certains médicaments permettant notamment de définir leur place dans la stratégie thérapeutique, à l'exclusion des médicaments anticancéreux pour lesquels l'Institut national du cancer élabore ou met à jour les fiches de bon usage ;

2° Élaborer les guides de bon usage des soins ou les recommandations de bonne pratique, procéder à leur diffusion et contribuer à l'information des professionnels de santé et du public dans ces domaines, sans préjudice des mesures prises par l'Agence nationale de sécurité du médicament et des produits de santé dans le cadre de ses missions de sécurité sanitaire. Elle élabore ou valide également, à destination des professionnels de santé, dans des conditions définies par décret, un guide des stratégies diagnostiques et thérapeutiques les plus efficientes ainsi que des listes de médicaments à utiliser préférentiellement, après avis de l'Institut national du cancer s'agissant des médicaments anticancéreux ;

3° Établir et mettre en œuvre des procédures d'accréditation des professionnels et des équipes médicales mentionnées à l'article L. 1414-3-3 du code de la santé publique ;

4° Établir et mettre en œuvre les procédures de certification des établissements de santé prévues aux articles L. 6113-3 et L. 6113-4 du code de la santé publique, notamment en évaluant, lors de cette procédure, la mise en œuvre par les établissements de santé des dispositions du 18° de l'article L. 6143-7 du même code ;

5° Participer au développement de l'évaluation de la qualité de la prise en charge sanitaire de la population par le système de santé et élaborer des référentiels de compétences, de formation et de bonnes pratiques dans le domaine de la médiation sanitaire et de l'interprétariat linguistique ;

6° Rendre un avis sur tout projet de loi ou de décret instituant des modes particuliers de soins préventifs ou curatifs ;

7° Rendre l'avis mentionné à l'article L. 1414-5 du code de la santé publique sur les références aux normes harmonisées prévues pour l'accréditation des laboratoires de biologie médicale ;

8° Coordonner l'élaboration et assurer la diffusion d'une information adaptée sur la qualité des prises en charge dans les établissements de santé à destination des usagers et de leurs représentants ;

9° Rendre l'avis mentionné au avant-dernier alinéa de l'article L. 4011-2 du code de la santé publique ;

10° Rendre l'avis mentionné au second alinéa du I de l'article L. 4011-2-3 du code de la santé publique, ainsi qu'un avis portant évaluation de chacun des actes prévus par les protocoles de coopération conformément au 1° du présent article ;

11° Organiser des consultations précoces avec ses services à la demande des entreprises développant des spécialités pharmaceutiques, des produits ou prestations innovants du fait de leur nouveau mécanisme d'action et d'un besoin médical insuffisamment couvert, avant la mise en œuvre des essais cliniques nécessaires à l'évaluation mentionnée au 1° du présent article ;

12° Participer à l'élaboration de la politique de vaccination et émettre des recommandations vaccinales, y compris, dans des situations d'urgence, à la demande du ministre chargé de la santé, en fonction des données épidémiologiques, d'études sur les bénéfices et risques de la vaccination et de l'absence de vaccination aux niveaux individuel et collectif et d'études médico-économiques ;

13° Établir la procédure de certification des activités de présentation, d'information ou de promotion en faveur des produits de santé et prestations éventuellement associées. Cette procédure de certification a notamment pour finalité de garantir le respect des chartes mentionnées aux articles L. 162-17-8 et L. 162-17-9 ;

14° Rendre l'avis mentionné au III de l'article L. 162-31-1 ;

15° Mettre en œuvre les missions qui lui sont dévolues par l'article L. 312-8 du code de l'action sociale et des familles.

Pour l'accomplissement de ses missions, la Haute Autorité de santé travaille en liaison notamment avec l'Agence nationale de sécurité du médicament et des produits de santé, l'Agence nationale de santé publique et l'Agence nationale chargée de la sécurité sanitaire de l'alimentation, de l'environnement et du travail. Elle peut mener toute action commune avec les organismes ayant compétence en matière de recherche dans le domaine de la santé.

Sans préjudice de l'application de la loi n° 2013-316 du 16 avril 2013 relative à l'indépendance de l'expertise en matière de santé et d'environnement et à la protection des lanceurs d'alerte, les associations agréées au titre de l'article L. 1114-1 du code de la santé publique disposent également d'un droit d'alerte auprès de la Haute Autorité de santé. À ce titre, elles peuvent la saisir de tout fait ayant des incidences importantes sur la santé, nécessitant que la Haute Autorité fasse usage de ses compétences définies au présent chapitre.

La Haute Autorité de santé rend publiques les suites qu'elle apporte aux saisines des associations ainsi que les modalités selon lesquelles elle les a instruites. Elle peut entendre publiquement l'association auteur de la saisine ainsi que toute personne intéressée.

La Haute Autorité de santé rend publics l'ordre du jour et les comptes rendus assortis des détails et explications des votes, y compris les opinions minoritaires, à l'exclusion des informations relatives au secret des stratégies commerciales, des réunions de la commission prévue à l'article L. 5123-3 du code de la santé publique siégeant auprès d'elle et consultée sur l'inscription des médicaments inscrits sur les listes prévues à l'article L. 162-17 du présent code et à l'article L. 5126-6 du code de la santé publique, ainsi que son règlement intérieur.

Dans l'exercice de ses missions, la Haute Autorité tient compte des domaines d'action prioritaires et des objectifs de la stratégie nationale de santé mentionnée à l'article L. 1411-1-1 du code de la santé publique.

Dans le cadre des missions confiées à la Haute Autorité de santé, une commission spécialisée de la Haute Autorité, distincte des commissions mentionnées aux articles L. 5123-3 du code de la santé publique et L. 165-1 du présent code, est chargée d'établir et de diffuser des recommandations et avis médico-économiques sur les stratégies de soins, de prescription ou de prise en charge les plus efficientes, ainsi que d'évaluer l'impact sur les dépenses d'assurance maladie.

La Haute Autorité de santé établit un rapport annuel d'activité adressé au Parlement et au gouvernement avant le 1er juillet qui rend compte de la réalisation du programme de travail et des travaux des commissions mentionnées à l'article L. 161-41 du présent code ainsi que des actions d'information mises en œuvre en application du 2° du présent article.

Pour les commissions mentionnées aux articles L. 5123-3 du code de la santé publique, L. 165-1 et L. 161-37 du présent code, sont précisés les modalités et les principes selon lesquels sont mis en œuvre les critères d'évaluation des produits de santé en vue de leur prise en charge par l'assurance maladie.

Pour les autres commissions spécialisées sont précisés dans ce rapport annuel les critères d'évaluation et les mesures d'impact des dispositifs contribuant à l'amélioration de la qualité et de la sécurité des soins ainsi qu'à l'information des publics.

Le rapport annuel comporte également une analyse prospective du système de santé comportant des propositions d'amélioration de la qualité, de l'efficacité et de l'efficience.

Les décisions et communications prises en vertu des 1° et 2° du présent article sont transmises sans délai à la Conférence nationale de santé prévue à l'article L. 1411-3 du code de la santé publique.

Cet article peut être utilement complété par un autre article du code de l'action sociale et des familles qui est le suivant :

Article L. 312-8

- Modifié par Loi n° 2017-1836 du 30 décembre 2017 – art. 72 (V)

Les établissements et services mentionnés à l'article L. 312-1 procèdent à des évaluations de leurs activités et de la qualité des prestations qu'ils délivrent, au regard notamment de procédures, de références et de recommandations de bonnes pratiques professionnelles validées ou, en cas de carence, élaborées, selon les catégories d'établissements ou de services, par la Haute Autorité de santé mentionnée à l'article L. 161-37 du code de la sécurité sociale. Les résultats des évaluations sont communiqués à l'autorité ayant délivré l'autorisation. Les établissements et services rendent compte de la démarche d'évaluation interne engagée. Le rythme des évaluations et les modalités de restitution de la démarche d'évaluation sont fixés par décret.

Par dérogation aux dispositions du premier alinéa, les établissements et services mentionnés à l'article L. 312-1 du présent code autorisés et ouverts avant la date de promulgation de la loi n° 2009-879 du 21 juillet 2009 portant réforme de l'hôpital et relative aux patients, à la santé et aux territoires communiquent les résultats d'au moins une évaluation interne dans un délai fixé par décret.

Les établissements et services font procéder à l'évaluation de leurs activités et de la qualité des prestations qu'ils délivrent par un organisme extérieur. Les organismes habilités à y procéder doivent respecter un cahier des charges fixé par décret. La liste de ces organismes est établie par la Haute Autorité de santé. Les résultats de cette évaluation sont également communiqués à l'autorité ayant délivré l'autorisation.

Les établissements et services mentionnés à l'article L. 312-1 sont tenus de procéder à deux évaluations externes entre la date de l'autorisation et le renouvellement de celle-ci. Le calendrier de ces évaluations est fixé par décret.

Par dérogation aux dispositions de l'alinéa précédent, les établissements et services mentionnés à l'article L. 312-1 autorisés et ouverts avant la date de promulgation de la loi n° 2009-879 du 21 juillet 2009 portant réforme de l'hôpital et relative aux patients, à la santé et aux territoires procèdent au moins à une évaluation externe au plus tard deux ans avant la date de renouvellement de leur autorisation.

Un organisme ne peut procéder à des évaluations que pour les catégories d'établissements et de services pour lesquels les procédures, références et recommandations de bonnes pratiques professionnelles ont été validées ou élaborées par la Haute Autorité de santé.

En cas de certification par des organismes visés à l'article L. 433-4 du code de la consommation, un décret détermine les conditions dans lesquelles cette certification peut être prise en compte dans le cadre de l'évaluation externe.

L'Agence nationale de l'évaluation et de la qualité des établissements et services sociaux et médico-sociaux prend ses décisions après avis d'un conseil scientifique indépendant dont la composition est fixée par décret. Elle est un groupement d'intérêt public constitué entre l'État, la Caisse nationale de solidarité pour l'autonomie et d'autres personnes morales conformément aux articles L. 341-1 à L.

341-4 du code de la recherche, sous réserve des dispositions suivantes :

1° Les ressources de l'agence sont notamment constituées par :

a) des subventions de l'État ;

b) une dotation globale versée par la Caisse nationale de solidarité pour l'autonomie ;

c) abrogé.

Un décret en Conseil d'État détermine les modalités d'application du présent 1° ;

2° Outre les personnes mentionnées à l'article L. 341-4 du code de la recherche, le personnel de l'agence peut comprendre des fonctionnaires régis par le statut général de la fonction publique de l'État, de celle territoriale ou de celle hospitalière, placés en position de détachement, des agents contractuels de droit public régis par les dispositions applicables aux agents non titulaires de la fonction publique de l'État, de celle territoriale ou de celle hospitalière, recrutés par l'agence, ainsi que des agents contractuels de droit privé également recrutés par l'agence.

Les organismes et les personnes légalement établis dans un autre État membre de l'Union européenne ou partie à l'accord sur l'Espace économique européen pour y exercer une activité d'évaluation de même nature que celle mentionnée au troisième alinéa peuvent l'exercer de façon temporaire et occasionnelle sur le territoire national, sous réserve du respect du cahier des charges mentionné au troisième alinéa et de la déclaration préalable de leur activité à la Haute Autorité de santé. Cette déclaration entraîne l'inscription sur la liste établie par la Haute Autorité de santé. Un décret précise les conditions d'application du présent alinéa.

Une commission de la Haute Autorité de santé mentionnée à l'article L. 161-37 du code de la sécurité sociale est chargée d'établir et de diffuser les procédures, les références et les recommandations de bonnes pratiques professionnelles mentionnées au premier alinéa du présent article. »

Dans un arrêt récent, la pertinence des méthodes utilisées pour l'élaboration des recommandations a bien été, notamment, relevée.

En voici un extrait :

« 9. Considérant, en troisième lieu, qu'il est loisible à la Haute Autorité de santé de choisir la procédure d'évaluation qui lui semble la plus pertinente lors de l'élaboration d'une recommandation de bonne pratique ; qu'elle a pu, en l'espèce, sans commettre d'erreur manifeste d'appréciation, opter pour la méthode des "recommandations par consensus formalisé", qui prévoit notamment, après une analyse critique de la littérature scientifique existante, l'intervention d'un groupe de pilotage, chargé de rédiger l'argumentaire scientifique et des propositions de recommandations, et d'un groupe de cotation, responsable de l'identification, par vote, des points d'accord et de désaccord entre ses membres, de façon à aboutir à la sélection des propositions faisant l'objet d'un consensus ; qu'il ne ressort pas des pièces du dossier que la composition des groupes de travail constitués en vue de l'élaboration de la recommandation attaquée, qui comprenaient des partisans des diverses approches existant dans le traitement de l'autisme, y compris psychanalytique, aurait été manifestement déséquilibrée. »[68]

La mesure quantitative et qualitative de l'évaluation interne a, elle aussi, été exprimée à travers une recommandation officielle.

> Dans le cadre des recommandations de bonnes pratiques professionnelles, une des recommandations concernait l'évaluation interne[69].

L'appellation de cette recommandation est la suivante : « L'évaluation interne : repères pour les établissements d'hébergement pour personnes âgées dépendantes. Février 2012. »

108 pages étaient rédigées sur le sujet.

Un rappel a été fait sur la dynamique des évaluations :

« Pour l'évaluation interne, les établissements transmettent à l'autorité ayant délivré l'autorisation les résultats de leurs évaluations internes tous les cinq ans (soit trois évaluations internes pour une période d'autorisation de 15 ans).
Pour l'évaluation externe, les établissements procèdent à deux évaluations externes, entre la date de l'autorisation et le renouvellement de celle-ci. »[70]

---

[68] Conseil d'État, n° 362053, ECLI : FR : CESSR : 2014 : 362053.20141223, 1re et 6e sous-sections réunies, Mme Julia BEURTON, rapporteur, Mme Maud VIALETTES, rapporteur public, lecture du mardi 23 décembre 2014.
[69] L'évaluation interne : repères pour les établissements d'hébergement pour personnes âgées dépendantes. Février 2012.
[70] *Idem*, page 7.

On peut aisément mesurer la tâche importante représentée par ses cinq évaluations en 15 années, évaluations dont les contenus sont extrêmement importants, dont les indicateurs à suivre sont particulièrement précis et souvent difficiles à mettre en œuvre.

Le chiffrage des coûts des évaluations en tant que tel, mais également, des coûts relatifs à la mobilisation du personnel pour la réalisation ou la participation à cette évaluation est souvent ignoré.

Pourtant, l'évaluation nécessite « une démarche participative et collective »[71].

Nous retrouvons cette obligation, importante, de travailler en groupe au sein de cette recommandation[72].

Le récapitulatif des actions d'évaluation permet de mesurer ou d'approcher le travail considérable que doit effectuer un établissement sur l'accompagnement de la personne âgée et très âgée.

Il y a un axe sur la garantie des droits individuels et collectifs, un autre sur la prévention des risques liés à la santé inhérents à la vulnérabilité des résidents, un troisième sur le maintien des capacités dans les actes de la vie quotidienne et l'accompagnement de la situation de dépendance, un quatrième axe sur la personnalisation de l'accompagnement et, au final, un axe absolument indispensable sur l'accompagnement de la fin de vie[73].

---

[71] *Idem*, page 8.
[72] *Idem*, page 19.
[73] *Idem,* page 20.

L'obligation d'un comité de pilotage, du passage de ces évaluations aux instances officielles, des négociations, des échanges ou des modifications nécessaires qu'il faut en permanence apporter nous permet de mieux mesurer l'inadéquation de ce type d'évaluation à nos types d'établissements, au regard de leurs capacités, de leurs dotations limitées.

Cette situation de sous-dotations a d'ailleurs été relevée dans le cadre d'un rapport récent :

« À cet égard, M. Julien Moreau, directeur de l'autonomie et de la coordination des parcours de vie à la Fédération des établissements hospitaliers et d'assistance privés à but non lucratif (FEHAP), insistait sur le rôle éminent que les directions d'établissement avaient joué dans le pilotage du processus, en soulignant la spécificité des ESSMS et notamment des EHPAD qui n'ont que très peu de ressources humaines dites "de rang intermédiaire", à la différence des établissements du champ sanitaire ou hospitalier qui disposent d'équipes dédiées, voire de qualiticiens, à même de pouvoir diffuser les bonnes pratiques. »[74]

Dans ce rapport, deux remarques extrêmement pertinentes, qui corroborent nos affirmations sont à relever.

---

[74] Assemblée nationale, « Mission d'évaluation et de contrôle des lois de financement de la sécurité sociale », Paris, le 24 juillet 2018, « Projet de rapport d'information sur l'évolution de la démarche qualité au sein des EHPAD et de son dispositif d'évaluation », présenté par MME Annie VIDAL, page 26.

La première remarque est la suivante :

« Pour étonnant que cela puisse paraître, l'habilitation des évaluateurs externes par l'ANESM – aujourd'hui par la HAS – est une procédure uniquement administrative. »[75]

Voici la deuxième remarque :

« En second lieu, les établissements se déclarent unanimement préoccupés par le coût de ces évaluations. »[76]

L'adaptation du projet d'établissement à l'accompagnement des personnes âgées atteintes d'une maladie neurodégénérative est mise en exergue.

En mars 2018,18 pages sont consacrées à ce sujet particulièrement important[77].

Il s'agit là d'une fiche-repère.

Cette analyse, cette recommandation s'inscrit dans la mesure numéro 23 du plan relatif aux maladies neurodégénératives (PMND) (2014-2019).

Les recommandations à destination des EHPAD se fondent sur cinq parties dont on peut mesurer l'importance en termes d'investissement, d'investissement préalablement humain par l'institution pour faire aboutir la construction et l'insertion de cette préoccupation spécifique au sein du projet d'établissement initial :

---

[75] *Idem*, page 31.
[76] *Idem,* page 36.
[77] Adapter la mise en œuvre du projet d'établissement à l'accompagnement des personnes âgées atteintes d'une maladie neurodégénérative en EHPAD, mars 2018.

Les cinq parties sont les suivantes[78] :

- Des enjeux de santé publique ;
- Les principales maladies neurodégénératives ;
- La révision du projet d'établissement : focus sur les personnes atteintes de maladies neurodégénératives puis élaboration du bilan de l'existant, puis formalisation des principes d'actions et d'orientations stratégiques ;
- Les résultats attendus des recommandations ;
- Des outils pour aller plus loin.

On peut y lire, à juste titre, l'importance de l'investissement des grands établissements sur le sujet de la prise en considération de ce type de maladies, au travers, par exemple, de cette citation qui se trouve en page huit :

« Les caractéristiques des différentes maladies neurodégénératives (troubles du comportement, troubles cognitifs, incapacité physique, etc.) nécessitent d'adapter l'accompagnement des résidents atteints de ces maladies grâce à une organisation définie et un personnel formé. Cette adaptation est d'autant plus nécessaire que ces résidents sont également caractérisés par l'association fréquente de plusieurs pathologies (maladies du coeur) et notamment cardio-vasculaires. »

---

[78] *Idem*, page 4.

Pour le moins, on ne pouvait mieux énoncer la dimension considérable du travail que doit réaliser une institution pour s'adapter à des évolutions pour lesquelles elle n'est ni préparée humainement, ni préparée financièrement et budgétairement.

Un travail considérable est réalisé sur la qualité de vie en EPHAD et une excellente approche de la multiplication des recommandations en termes de pratiques professionnelles.

La mesure de la quantité de cette recommandation, découpée en quatre volets, permet une approche sous-jacente du travail à réaliser par les institutions en vue d'aboutir à une amélioration de leur fonctionnement.

Même si la notion de recommandation ne stipule pas, fondamentalement, et malgré quelques doutes juridiques, une obligation d'application, par nature, la recherche institutionnelle sera toujours de se rapprocher de ce type d'incitations.

Essayons déjà de chiffrer en nombre de pages tout le travail réalisé.

Les recommandations sur la qualité de vie en EHPAD ont été particulièrement importantes tant quantitativement que qualitativement.

Le volet numéro un était ainsi intitulé : « De l'accueil de la personne à son accompagnement ».

Il comprend 76 pages.

Le deuxième volet touchait à l'organisation du cadre de vie et à la vie quotidienne.

Il comprend 64 pages.

Ce document a reçu l'avis favorable du comité d'orientation stratégique de l'ANESM en juin 2011.

Cette recommandation précise, dès les premières pages, la complexité du sujet.

Elle rappelle que l'établissement représente un cadre de vie contraint, ainsi qu'un lieu de vie, avec des publics accueillis qui présentent des profils diversifiés, dans des établissements qui ont diversifié eux-mêmes leurs modalités d'accueil.[79]

La recommandation rappelle aussi que les EHPAD renvoient à une grande diversité, selon leurs missions d'origine, leur projet d'établissement, leur localisation géographique, les disciplines professionnelles différentes selon les établissements, le reste à charge financier ou le statut juridique établi[80].

Elle rappelle également le concept de personnalisation qui est la pierre angulaire de la qualité de vie.[81]

---

[79] Recommandation sur la qualité de vie en EHPAD, l'organisation du cadre de vie et à la vie quotidienne. Juin 2011. Page 5.
[80] Recommandation sur la qualité de vie en EHPAD, l'organisation du cadre de vie et à la vie quotidienne. Juin 2011. Page 6.
[81] *Idem*, page 6.

Le troisième volet concernait la vie sociale des résidents en EHPAD.

Il comprend 70 pages.

Le quatrième volet évoquait l'impact des éléments de santé sur la qualité de vie.

Cette dernière partie, ce dernier volet, comprend 114 pages.

Ce sont bien des centaines, voire des milliers de pages qui ont été écrites sur des sujets divers et sur lesquelles on peut s'interroger à propos de leur nécessité.

La professionnalisation des métiers en EHPAD, celle incontestable des soignants, l'évolution sans cesse poussée à ses extrémités des parcours professionnels et de la formation professionnelle continue, formation surdéveloppée aujourd'hui par les formules innovantes comme l'e-learning, remettent tous les professionnels au niveau des plus récentes connaissances des fonctionnements institutionnels et des bonnes pratiques professionnelles.

Faut-il aller plus loin ?

CHAPITRE 10

L'évolution des établissements médico-sociaux : vers une nouvelle conception ?

Il est intéressant de s'intéresser sur des approches concernant d'éventuels nouveaux fonctionnements des EHPAD.

Nous allons reprendre ici les termes d'une intervention que nous avions faite auprès d'un grand syndicat de directeurs d'hôpitaux et d'EHPAD.

Il s'agissait de tracer, de manière synthétique, un ressenti sur une nouvelle conception de l'évolution des établissements médico-sociaux.

Nous étions alors en pleine crise nationale sur les fonctionnements des EHPAD.

Il était important de faire un point d'étape sur cette évolution des établissements et sur les perceptions de cette évolution.

Nous pouvons évoquer trois types de terminologie :

1. Les terminologies officielles ;

2. La terminologie officieuse ;

3. Les terminologies souhaitées ou proposées.

Nous pouvons montrer les terminologies officielles.

Après la Seconde Guerre mondiale :

1. L'hospice ;

2. Depuis la loi du 30 juin 1975, la maison de retraite, médicalisée ou non ;

3. Depuis la réglementation du 26 avril 1999, la dénomination est celle de l'EHPAD.

Coexistent à cette terminologie officielle des terminologies officieuses ou des terminologies souhaitées. Il est important de le relever pour permettre d'en mesurer le sens, c'est-à-dire l'évolution vers laquelle les EHPAD auraient pu ou auraient voulu se diriger.

Dans la terminologie officieuse, nous trouvons celle de « résidence ». Il s'agit d'une terminologie propre à l'entreprise d'hôtellerie classique.

Mais d'autres évolutions existent. Voici les terminologies souhaitées :

> – il y a eu un véritable discours sur l'EHPAD en tant qu'établissement exerçant sur concept hôpital local,
>
> – il y a eu une autre approche plus tragique, fondée sur une définition d'établissement de soins palliatifs médico-sociaux ;
>
> – et une approche nouvelle de transformation des établissements de lieux de vie avec des soins en lieu de soins avec un accompagnement.

Le déséquilibre de l'échange entre établissement et autorités traduit « l'échec » du concept de contractualisation.

Nous allons exprimer cela à travers un tableau.

Une partie de ce tableau concernera l'abondance d'exigences et de normes.

L'autre partie sera conforme à la traditionnelle critique des moyens financiers, moyens financiers très souvent inadaptés.

Une abondance d'exigences et de normes	Des moyens financiers inadaptés
Des textes législatifs et réglementaires abondants	Une évolution des effectifs de personnel limitée
Des recommandations démultipliées par des moyens financiers inadaptés	Des choix à compléter : médecin coordonnateur, psychologue, kinésithérapeute …

À cela s'ajoutent des dotations en errance, des « vexations » conceptuelles.

Les établissements ont pourtant un vécu et un ressenti particulièrement pénibles.

À travers un tableau, nous allons regarder ce que nous appelons les blessures liées aux convergences tarifaires successives qui se sont abattues sur les établissements, alors que les EHPAD ont su amorcer avec beaucoup de réussite leur évolution vers une démarche qualité réussie.

Des convergences qui blessent	Une qualité pourtant réussie par les EHPAD
La convergence au niveau des soins	Les évaluations internes et externes
La convergence au niveau de la dépendance	Une lutte contre les maltraitances particulièrement bien réussie

Ces situations nous ont semblé entraîner un véritable désespoir au quotidien, désespoir qui peut toutefois être perçu comme le support d'un espoir pour l'avenir.

C'est ce que nous aimerions appeler le consensualisme refoulé, ou l'unanimisme refoulé.

Et cela repose sur une synthèse qui peut être ainsi exprimée : il y a des petites réponses, des petites solutions à apporter face à des grands problèmes à supporter.

En quoi y a-t-il consensus dans la société française sur les EHPAD ?

Ce que nous pouvons constater, c'est l'existence de véritables consensus sur des questions essentielles liées au fonctionnement des EHPAD.

Examinons tout cela.

Les contenus de ce consensus :

> 1. L'augmentation de la dépendance à travers l'outil AGGIR.

> 2. La reconnaissance des polypathologies à travers l'outil PATHOS.

3. La reconnaissance des détériorations intellectuelles à travers les structures du PASA ou des unités de vie adaptée.

4. La baisse de la durée moyenne de séjour en EHPAD.

5. L'entrée de plus en plus tardive.

6. Les manques d'effectifs à travers l'excellente analyse du PSGA (Plan Solidarité – grand âge).

Nous pouvons également relever la diversité des intervenants sur ce thème des consensus nationaux sur les fonctionnements institutionnels.

Les auteurs de ce consensus :

- La Cour des comptes et les Chambres régionales des comptes.
- Les analyses de l'Inspection générale des affaires sociales.
- Les recherches de la DREES (Direction de la recherche, des études, de l'évaluation et des statistiques).
- Le Plan Solidarité grand âge et les rapports de nombreux élus sur l'évolution des établissements.
- Les grandes sociétés : par exemple, KPMG.
- Les rapports précurseurs de la future loi du 28 décembre 2015.

En quoi cet unanimisme, ce consensus est-il refoulé ?

Ce consensus n'arrive pas à trouver d'issue :

La valeur du point GIR départemental a montré, au cours de l'année 2017, un écart de près de 60 % entre le département le plus restrictif en matière de dotation et le département le plus distributeur.

La Chambre des comptes et la Cour régionale des comptes ont démontré également, dans leur référé à l'égard de la ministre de la Santé Madame Touraine, des écarts en matière de soins. Des écarts importants.

La notion de convergence développée depuis plusieurs années freine le processus de compréhension des besoins des établissements.

Aucun ratio n'a existé depuis l'après-guerre, sauf celui indiqué dans le cadre du Plan Solidarité grand âge. Cette indication aurait dû être le cheval de bataille de tous les gouvernements, elle est restée lettre morte. En près d'une décennie, le ratio du personnel est passé de 0,59 ou 0,60 à environ 0,64 ou 0,65.

Nous pouvons également relever que les indicateurs brouillent les pistes.

D'une manière synthétique, nous allons évoquer quelques indicateurs de base.

Au travers de ces indicateurs, nous pouvons percevoir les indicateurs que nous pouvons qualifier d'objectifs ou de « froids » qui peuvent donner l'apparence d'amélioration et d'évolution favorable, et nous examinerons des indicateurs quelque peu subjectifs, exprimés souvent par des ressentis, mais qui représentent et traduisent une réalité tout à fait perceptible. Nous appellerons ces indicateurs des indicateurs « chauds ».

Les indicateurs froids donnent des précisions contestables :

- Il y aurait une légère augmentation des effectifs ;
- L'évolution de la dépendance est progressive ;
- L'évolution des pathologies est également progressive.

Les indicateurs chauds indiquent les cheminements plutôt tragiques :

- Les besoins des résidents ne cessent d'augmenter ;
- La notion de projet personnalisé a été introduite réglementairement dans les exigences de fonctionnement ;
- Les contractualisations sont désormais plus sévères ;
- La souffrance des salariés ne cesse d'augmenter.

L'inévitable orientation vers des établissements ayant une diversité de prestations et chargés de l'accompagnement médico-social de la fin de vie pourrait en découler.

L'évolution des établissements d'hébergement pourrait aller vers des activités beaucoup plus ciblées.

Sans être prophète, et dans une perspective d'une quinzaine ou d'une vingtaine d'années, au regard des études actuelles, du constat des pratiques professionnelles institutionnelles, voici comment nous pourrions définir, de manière là aussi synthétique, les futures activités principales des EHPAD.

Probablement, un accompagnement de fin de vie, étalé sur quelques mois, tout au plus, dans le cadre d'une structure de véritables soins palliatifs médico-sociaux, avec un processus d'utilisation de plus en plus élevée de technologie ou de haute technologie.

À ce stade de la réflexion, nous pourrions nous interroger sur la possibilité de faire ou non l'éloge des EHPAD.

Les établissements d'hébergement ont connu différentes réformes.

Nous pouvons évoquer la période d'après-guerre, avec de temps en temps des décrets communs aux hôpitaux et aux hospices, puis, la loi du 30 juin 1975 relative aux institutions sociales et médico-sociales.

Enfin, la réforme portée par les décrets et arrêtés du 26 avril 1999 apportera de nombreuses améliorations, qui se complètent aujourd'hui, avec des aspects positifs et d'autres négatifs, par la loi du 28 décembre 2015 relative à l'adaptation de la société au vieillissement et de ces textes d'application touchant aux EHPAD.

Exceptionnellement, nous ferons un inventaire de tout ce qu'ont déjà réalisé les EHPAD.

Nous essaierons de mettre en avant toutes les qualités institutionnelles, en essayant surtout de montrer la diversité des évolutions positives des EHPAD.

En voici deux premiers éléments :

- La médicalisation initiée par la loi du 30 juin 1975 a été mise en place et réussie.
- Les animations et activités classiques se sont bien développées. Progressivement, les EHPAD ont su, dans les années 70, intégrer l'importance des animations à destination de leurs populations. La mise en place d'animateurs

généralistes chargés d'animations classiques plutôt orientées vers l'activité collective a été une première réussite.

Aujourd'hui, la présence d'animateurs réguliers dans les EHPAD permet tout à la fois des activités classiques intérieures ou extérieures, mais également des activités dites adaptées.

Des activités adaptées se sont mises en place progressivement et assurent désormais un rôle moteur dans la qualité de vie en institution. Les animations se complètent souvent d'activités professionnelles ciblées, comme la musicothérapie, l'art-thérapie, l'activité physique adaptée[82], la zoothérapie. Ces constats sont à l'origine d'une véritable réussite d'adaptation de la structure à l'admission de personnes de plus en plus âgées, aux déficiences et aux pathologies nombreuses.

Nous pouvons ainsi poursuivre ces évolutions que nous définirions comme étant des évolutions positives :
- La lutte contre les risques des légionelles est une réussite[83].

---

[82] Un exemple de rapport : « Dispositifs d'activités physiques et sportives en direction des âgées », décembre 2013, rapport remis aux ministres, établi par le groupe de travail sous la présidence du professeur Daniel Rivière.
[83] Par exemple : circulaire n° DGS/EA4/2010/448 du 21 décembre 2010 relative aux missions des Agences régionales de santé dans la mise en œuvre de l'arrêté du 1er février 2010 relatif à la surveillance des légionelles dans les installations de production, de stockage et de distribution d'eau chaude sanitaire.

- La qualité de la restauration s'est sensiblement améliorée.
- Les normes de restauration complètement mise en place[84].
- Les dossiers médicaux se sont informatisés et la formalisation paramédicale est de bonne qualité.
- Ils ont su assurer la continuité de la prise en charge en mettant en place des moyens d'alimentation autonomes en énergie[85].
- L'usage permanent des groupements d'achat a rendu le management plus efficace.
- La démarche qualité est complètement insérée dans les modes de fonctionnement institutionnel.
- Les évaluations internes sont réalisées.
- L'évaluation externe chaque 7 ans a bien été mise en place.
- Comme nous l'avons énoncé, les risques saisonniers sont pratiquement vaincus.
- L'action contre la grippe saisonnière en est aussi un exemple de réussite[86].

Les EHPAD ont encore plus diversifié leurs améliorations internes dont voici encore quelques exemples majeurs.

---

[84] Norme HACCP.
[85] Par exemple : Décret n° 2009-597 du 26 mai 2009 pris pour l'application de l'article 7 de la loi n° 2004-811 du 13 août 2004 relative à la modernisation de la sécurité civile et à l'agrément ministériel des conventions et accords dans les établissements sociaux et médico-sociaux.
[86] Par exemple : Instruction n° DGS/ RI1/DGOS/DGCS/2016/4 du 8 janvier 2016 relative aux mesures de prévention et de contrôle de la grippe saisonnière.

La démocratie institutionnelle est une réalité incontournable. La documentation institutionnelle s'est considérablement améliorée.

Livret d'accueil, projet d'établissement, contrat de séjour, règlement de fonctionnement[87] ont contribué à donner un cadre légal de qualité aux résidents de ce type d'institutions.

L'inclusion des chartes, favorisant les droits et libertés des personnes accueillies et permettant un accompagnement respectueux de leur handicap ou respectueux de leurs souffrances et de leur fin de vie, a permis de mesurer l'évolution de qualité certes imposée, mais mise en place avec doigté par des institutions aux moyens financiers toujours limités. Le développement de la documentation institutionnelle doit être regardé à travers le concept complémentaire d'actualisation permanente de l'ensemble des documents concernés. On peut imaginer le sens et la dimension de l'actualisation d'une autre partie de cette documentation institutionnelle, et notamment et par exemple, des projets personnalisés, ou du plan de maîtrise sanitaire, mais également des fiches de poste des diverses procédures ou protocoles pourtant nombreux dans chaque institution. Ce sont ces efforts-là, réalisés par des structures souvent de taille moyenne, qui peuvent montrer la dynamique positive partagée par tous les EHPAD de France en termes d'évolution qualitative.

- La qualité de la documentation institutionnelle est aujourd'hui assurée dans tous les EHPAD.

---

[87] Article L. 311-4, modifié par la loi numéro 2015-1776 du 28 décembre 2015 – article 27 du code de l'action sociale et des familles.

- Dans certains établissements, des médiateurs existent et facilitent les relations humaines. Ils complètent l'existence souvent peu connue des « personnes qualifiées ».

Toutes les catégories d'acteurs ou de sujets ont connu des améliorations au sein des EHPAD :
- La lutte contre les risques professionnels est particulièrement bien menée[88].
- Le développement des formations professionnelles favorise un climat de confiance et de sécurisation des pratiques professionnelles.
- La participation des familles est plutôt réussie.
- L'action et le travail de lutte contre les chutes sont en grande partie réussis.
- Les liens avec le secteur sanitaire se sont considérablement accrus.
- Les conventions avec les autres partenaires sociaux et médico-sociaux se sont bien développées et les EHPAD sont complètement sortis de leur ancien isolement.
- Les conventions avec le HAD renforcent la qualité médicale des EHPAD.
- Chaque EHPAD dispose bien d'un médecin coordonnateur.
- Le rapport médical annuel est réalisé.
- La participation des acteurs médicaux et paramédicaux au dossier médical de chaque résident s'améliore par un travail de fond accompli par les cadres de chaque institution.
- L'outil PATHOS, certes critiqué par les professionnels, n'en est pas moins bien maîtrisé.
- Et il en est de même de l'outil AGGIR.

---

[88] Prévention des TMS dans les activités d'aide et de soins en établissement, comité technique national des activités de services 1 et 2, 4 et 25 octobre 2012.

- La santé bucco-dentaire est de mieux en mieux traitée.
- Il en est de même du circuit du médicament et de sa distribution.
- Les déficiences sensorielles y sont mieux appréhendées[89].
- Les lèves-malades collectifs ou individuels se développent assurant une meilleure sérénité du confort des résidents en certaines circonstances.
- Les établissements commencent à s'insérer dans les concepts de parcours des personnes âgées et y trouvent aujourd'hui leur place.
- Ils poursuivent leur diversification par l'insertion en leur sein de places d'accueil de jour et d'hébergement temporaire.
- Les établissements d'hébergement ont longuement travaillé sur l'accessibilité de leurs bâtiments, afin de prendre en considération les carences et déficiences de leurs résidents.

Malgré des évolutions plus lentes que prévu, les textes légaux et réglementaires sur l'accessibilité n'en demeurent pas moins nombreux et parfois difficiles à déchiffrer[90]. Les

---

[89] Lutte contre les possibles dépendances liées aux altérations de la vue, de l'ouïe, du goût, de l'odorat et du toucher.

[90] Voir loi n° 2005-102 du 11 février 2005 pour l'égalité des droits et des chances, la participation et la citoyenneté des personnes handicapées.
Voir décret n° 2009-500 du 30 avril 2009 relatif à l'accessibilité des établissements recevant du public, et des bâtiments à usage d'habitation, loi n° 2014-789 du 10 juillet 2014 habilitant le gouvernement à adopter des mesures législatives pour la mise en accessibilité des établissements recevant du public, des transports publics, des bâtiments d'habitation et de la voirie pour les personnes handicapées.
Rapport au président de la République relatif à l'ordonnance n° 2014-1090 du 26 septembre 2014 relative à la mise en accessibilité des

EHPAD se sont pourtant profondément investis pour favoriser une accessibilité de qualité en leur sein.

Dans l'ensemble, leurs prix semblent bien maîtrisés, voire pour certains secteurs trop bien maîtrisés. On peut énoncer une synthèse sur le sujet ainsi exprimée. Les EHPAD ont pu être comparés à des services hôteliers classiques. Leur médicalisation, et l'évolution profonde de cette médicalisation, n'enlève en rien leurs dimensions hôtelières, représentées à la fois par des services classiques tels que l'hébergement, la restauration, mais aussi par des services plus modernes que peuvent représenter les activités ou les animations, mais également certaines activités ou certaines animations dites adaptées. C'est pour cela qu'il est intéressant de relever que la moyenne des prix dans les secteurs publics et privés à caractère associatif, qui tourne autour d'une soixantaine d'euros par jour, peut être comparée, mutatis mutandis, aux tarifications hôtelières traditionnelles proposées à un public de touristes. Cette comparaison est toute favorable aux EHPAD, qui, s'ils sont bien des établissements proposant des services pour une longue période, n'en incluent pas moins dans leurs tarifications particulièrement maîtrisées les trois repas journaliers auxquels se rajoutent un goûter, ou la nuit, une collation, si nécessaire. Cette comparaison peut être prise avec prudence, mais rappelle l'importance de l'effort de gestion et de management effectué par ces établissements qui, dans l'ensemble, offrent des prestations d'hébergement

---

établissements recevant du public, des transports publics, des bâtiments d'habitation et de la voirie pour les personnes handicapées.
Ordonnance n° 2014-1090 du 26 septembre 2014 relative à la mise en accessibilité des établissements recevant du public, des transports publics, des bâtiments d'habitation et de la voirie pour les personnes handicapées.

convenables, et un service de restauration dont les nombreuses chartes ont permis, dès lors qu'elles sont appliquées, des améliorations conséquentes sur la qualité des repas servis, mais aussi bien entendu sur leur quantité.

- La lutte considérable contre le suicide des personnes âgées s'est considérablement améliorée par l'action collective des soignants accompagnés par l'entrée en fonction bien trop limitée en temps de travail du ou de la psychologue.
- La lutte contre la douleur s'améliore fortement et des professionnels internes disposent des diplômes universitaires correspondants[91].
- La fin de vie est accompagnée d'une manière étonnante.

Il restera probablement aux EHPAD d'entrer plus encore dans la modernité à travers les innovations technologiques.

La bonne mise en application de l'ensemble de ces exigences diverses est d'ailleurs relatée dans un rapport particulièrement intéressant dont voici l'extrait concerné :

« Plus précisément, dans le cadre du questionnaire en ligne, on observe que certaines thématiques se distinguent par leur niveau particulièrement élevé d'application des obligations questionnées (application totale supérieure à la moyenne située à 77,8 %). Il s'agit en particulier :

---

[91] Par exemple : procédure du dépistage, de l'évaluation et du suivi de la douleur. Rédaction : Dr ABADIE Robert, vérification : Dr Nicolas SAFFON, 18 juin 2014, ou agence nationale d'accréditation et d'évaluation en santé, « Évaluation et prise en charge thérapeutique de la douleur chez les personnes âgées ayant des troubles de la communication verbale », octobre 2000.

– Des normes entourant la procédure budgétaire ;

– Des normes d'hygiène et de sécurité en général : légionelle, DASRI, sécurité incendie, HACCP ;

– Des affichages obligatoires relatifs aux droits des usagers ;

– Des obligations en matière d'évaluation des pratiques et de bientraitance.

Ces obligations sont rarement écartées, ce que les visites sur site ont contribué à confirmer. En particulier, les normes d'hygiène et de sécurité sont spécifiques : elles sont techniques et précises, faisant l'objet de contrôles très réguliers, à l'inverse d'autres normes relatives à l'accompagnement des résidents, dont l'application laisse une plus grande part à l'interprétation »[92].

---

[92] CNSA – Commission Normes et Moyens, « Normes et moyens en EHPAD. Questionnaire et visites sur site : ce qu'en disent les professionnels. Rapport – Présentation des résultats », septembre 2015, page 21.

CONCLUSION

L'analyse sur l'excès de contraintes, couplée à l'excès de recommandations, auxquels se rajoute la multiplication des textes législatifs et réglementaires, n'aboutit pourtant pas à la reconnaissance d'une satisfaction ressentie par les principaux acteurs du monde des EHPAD.

La souffrance des résidents reste permanente.

On peut imaginer, à titre d'exemple, que leur préférence irait en termes nutritionnels à une restauration plus agréable et plus consistante que la restauration actuelle dont la recherche première est celle de « l'aseptisation ».

On peut imaginer, comme autre exemple, qu'une meilleure adaptation des horaires de travail du personnel, à laquelle s'ajouteraient des effectifs plus importants, permettrait aux résidents de mesurer que l'établissement dans lequel ils vivent s'apparenterait beaucoup plus à un domicile, dans ses modalités de fonctionnement, qu'à un établissement bien trop structuré.

Un autre acteur institutionnel majeur est lui aussi en souffrance.

La souffrance du personnel a été parfaitement relevée dans des études récentes.

Malgré une forte implication du personnel notamment soignant, le travail au quotidien, qui s'apparente beaucoup plus à un travail à la chaîne qu'à un travail relationnel et humain, trouble les valeurs mêmes qui animent nos types d'établissements médico-sociaux.

Le ressenti des familles reste critique.

Pire encore, l'image des établissements n'est absolument pas positive :

60 % des Français estiment inenvisageable de vivre dans un établissement d'hébergement pour personnes âgées (EHPA) en 2011, d'après le suivi barométrique de l'opinion des Français sur la santé, la protection sociale, la précarité, la famille et la solidarité de la DREES[93].

Il est donc naturel que l'on s'interroge sur l'essentiel.

À la formalisation excessive, aux exigences démultipliées, aux évaluations trop rigoureuses, devrait succéder une approche fondée sur des notions clés, telles que la relation humaine, le soin dans sa pratique quotidienne, l'accompagnement qui est un déterminant des exigences des résidents, notions qui permettraient de fonder une nouvelle philosophie du fonctionnement des institutions médico-sociales que sont les EHPAD, en réorganisant, en classifiant, en donnant du temps au temps à l'amélioration constante naturellement portée par des textes, des recommandations, des normes mieux maîtrisés.

---

[93] Janvier 2012, cité dans MARQUIER R. (2013), « Vivre en établissement d'hébergement pour personnes âgées à la fin des années 2000 », Dossiers Solidarité et Santé, DREES, n° 47, octobre, page 8, note numéro 7.

Structures éditoriales du groupe L'Harmattan

L'Harmattan Italie
Via degli Artisti, 15
10124 Torino
harmattan.italia@gmail.com

L'Harmattan Hongrie
Kossuth l. u. 14-16.
1053 Budapest
harmattan@harmattan.hu

L'Harmattan Sénégal
10 VDN en face Mermoz
BP 45034 Dakar-Fann
senharmattan@gmail.com

L'Harmattan Mali
Sirakoro-Meguetana V31
Bamako
syllaka@yahoo.fr

L'Harmattan Cameroun
TSINGA/FECAFOOT
BP 11486 Yaoundé
inkoukam@gmail.com

L'Harmattan Togo
Djidjole – Lomé
Maison Amela
face EPP BATOME
ddamela@aol.com

L'Harmattan Burkina Faso
Achille Somé – tengnule@hotmail.fr

L'Harmattan Côte d'Ivoire
Résidence Karl – Cité des Arts
Abidjan-Cocody
03 BP 1588 Abidjan
espace_harmattan.ci@hotmail.fr

L'Harmattan Guinée
Almamya, rue KA 028 OKB Agency
BP 3470 Conakry
harmattanguinee@yahoo.fr

L'Harmattan Algérie
22, rue Moulay-Mohamed
31000 Oran
info2@harmattan-algerie.com

L'Harmattan RDC
185, avenue Nyangwe
Commune de Lingwala – Kinshasa
matangilamusadila@yahoo.fr

L'Harmattan Maroc
5, rue Ferrane-Kouicha, Talaâ-Elkbira
Chrableyine, Fès-Médine
30000 Fès
harmattan.maroc@gmail.com

L'Harmattan Congo
67, boulevard Denis-Sassou-N'Guesso
BP 2874 Brazzaville
harmattan.congo@yahoo.fr

Nos librairies en France

Librairie internationale
16, rue des Écoles – 75005 Paris
librairie.internationale@harmattan.fr
01 40 46 79 11
www.librairieharmattan.com

Lib. sciences humaines & histoire
21, rue des Écoles – 75005 Paris
librairie.sh@harmattan.fr
01 46 34 13 71
www.librairieharmattansh.com

Librairie l'Espace Harmattan
21 bis, rue des Écoles – 75005 Paris
librairie.espace@harmattan.fr
01 43 29 49 42

Lib. Méditerranée & Moyen-Orient
7, rue des Carmes – 75005 Paris
librairie.mediterranee@harmattan.fr
01 43 29 71 15

Librairie Le Lucernaire
53, rue Notre-Dame-des-Champs – 75006 Paris
librairie@lucernaire.fr
01 42 22 67 13